高校入試対策

英語リスニング練習問題

実践問題集　岐阜県版
2025年春受験用

contents

教英出版

本書の特長

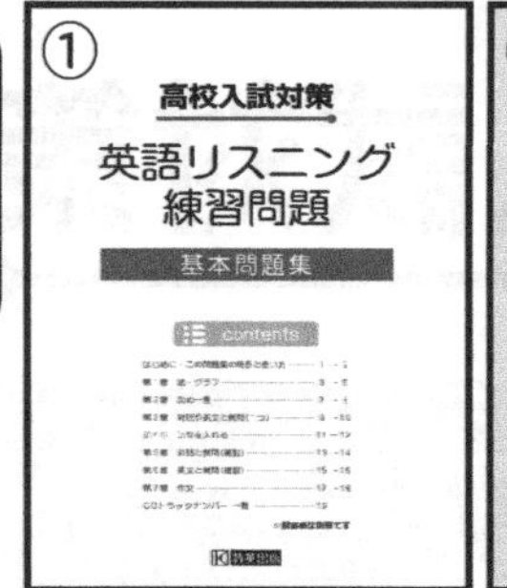

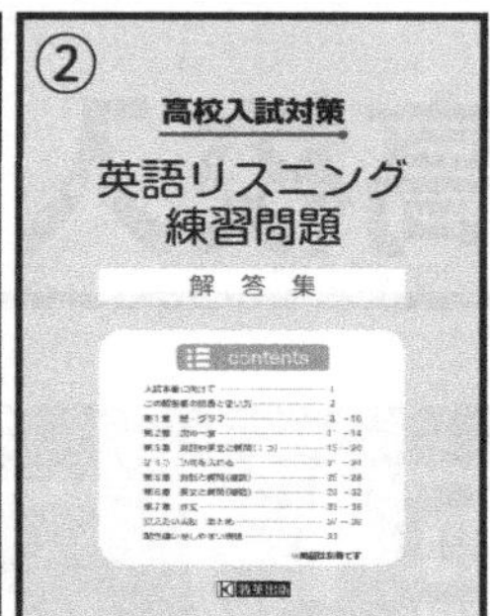

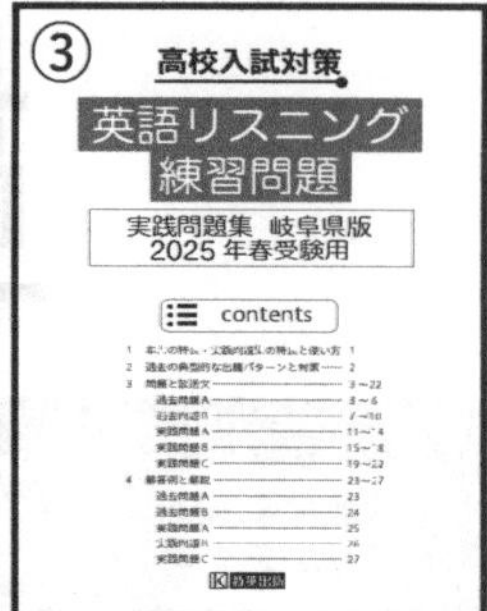

① 基本問題集(別冊)

英語リスニング問題を**7章の出題パターン別**に練習できる問題集です。
岐阜県公立高校入試の英語リスニング問題の**出題パターンを重点的に練習**できます。

② 解答集(別冊)

①基本問題集の解答・解説・放送文・日本語訳などを収録。すべての問題の**放送文と日本語訳を見開きページで見る**ことができ，**単語や表現を１つずつ照らし合わせながら復習**ができます。

③ 実践問題集岐阜県版(この冊子)

岐阜県公立高校入試の**過去問題**(２回分)と，形式が似ている**実践問題**(３回分)を収録。
岐阜県公立高校入試の**出題パターンの把握**や**入試本番に向けての練習**に最適です。

実践問題集 岐阜県版の特長と使い方

岐阜県公立高校入試で**実際に出題された**問題です。

岐阜県公立高校入試と**出題パターンが似ている**問題です。

２ページの**過去の典型的な出題パターンと対策**で出題パターンを把握してから，**過去問題**と**実践問題**に進んでください。問題を解いた後に**解答例と解説**を見て，**答えにつながる聴き取れなかった部分を聴き直す**と効果的です。別冊の**基本問題集**で**出題パターン別**に練習して，**出題パターンに合った実力**をつけてからこの冊子に進むと，**過去問題**と**実践問題**をよりスムーズに解くことができます。

音声の聴き方

教英出版ウェブサイトの「**ご購入者様のページ**」に下記の「**書籍ＩＤ番号**」を入力して音声を聴いてください。

ID 198020 （有効期限 2025 年 9 月）　　ＩＤの入力はこちらから→

過去の典型的な出題パターンと対策

▶絵・グラフ… 対話や英文を聞き，絵やグラフを選ぶ

⇔ 別冊 第1章

(*Aya*): I visited Okinawa for three days last week.
(*Bob*): That's nice. It's snowy here today, but how was the weather in Okinawa?
(*Aya*): It was rainy on the first day. But on the second day it was cloudy, and on the third day it was sunny at last.
Question: How was the weather when the girl arrived in Okinawa?

対話を聞いて，質問に合う絵をア～エから１つ選び，記号を書きなさい。

ア

イ

ウ

エ

▶次の一言… 対話を聞き，次の言葉を選ぶ

別冊 第2章

Yuka : Good morning, Bob. I have good news.
Bob : Oh, you look so happy. What happened, Yuka?
Yuka : (チャイム音)

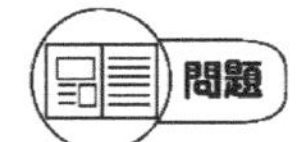

対話を聞いて，チャイム音の部分に入る発言として適切なものをア～エから１つ選び，記号を書きなさい。

ア I feel tired now.
イ I won the prize in the piano contest yesterday.
ウ I lived there last year.
エ I'd like to know when they'll meet tomorrow.

▶対話と質問(複数)… 対話を聞き，複数の質問の答えを選ぶ

別冊 第5章

Miki: Hi, Jim. What will you do this weekend?
Jim: Hi, Miki. On Saturday, I am going to go to see a popular movie in the new theater in front of the station.

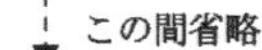

Miki: Well, shall I lend you the book? I think you can enjoy watching the movie more if you have some information about the team.
Jim: Yes, please. The book will be helpful for getting ready to watch the movie. Thank you very much.

Question 1: What was the thing Miki liked the best about the movie?
Question 2: What will Jim probably do before he watches the movie?

問題

対話を聞いて，それぞれの質問に合うものをア～エから１つ選び，記号を書きなさい。

(1) ア The actor. イ The history. ウ The story. エ The theater.

(2) ア He will listen to the music in the movie with Miki.
イ He will read the book which he is going to borrow.
ウ He will talk about the story of the movie with Miki.
エ He will get ready to write a book about the movie.

対策ポイント

絵・グラフでは，聞き取った内容を材料に正しい選択肢を選ぶことが求められる。最初に選択肢の絵・グラフを見比べて，何についての音声が流れるかを予想してから，音声を聞こう。

過去問題 A

放送を聞いて答える問題

1　これから短い英文を読みます。英文は(1)～(5)まで5つあります。それぞれの英文を読む前に，日本語で内容に関する質問をします。その質問に対する答えとして最も適切なものを，ア～エから1つずつ選び，符号で書きなさい。なお，英文は2回ずつ読みます。

(1)

ア
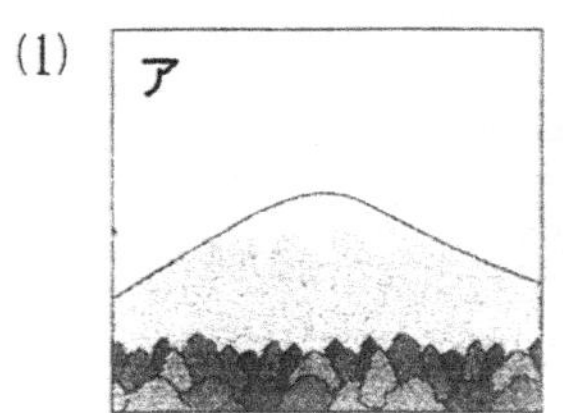

イ
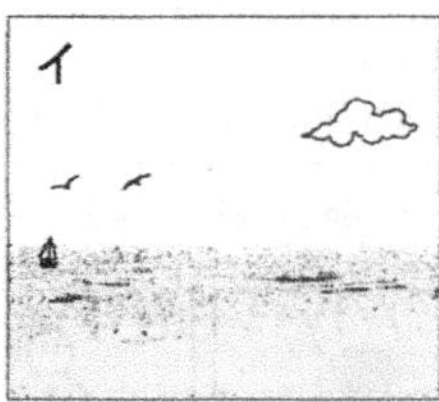

ウ
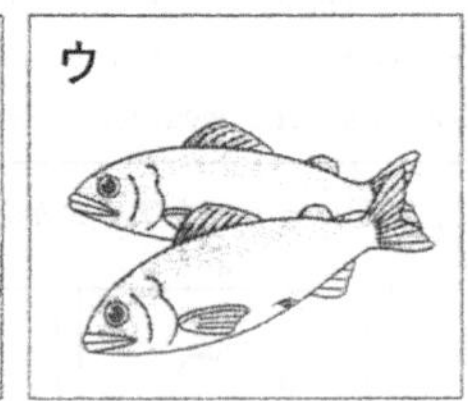

エ
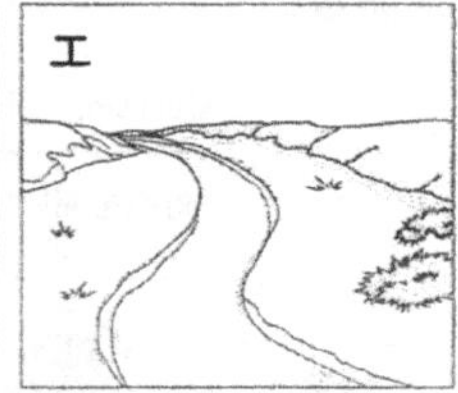

(2)

ア
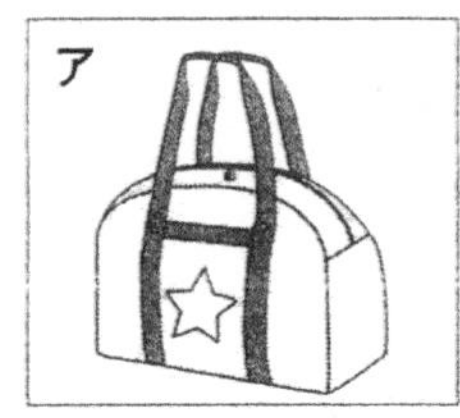

イ

ウ

エ
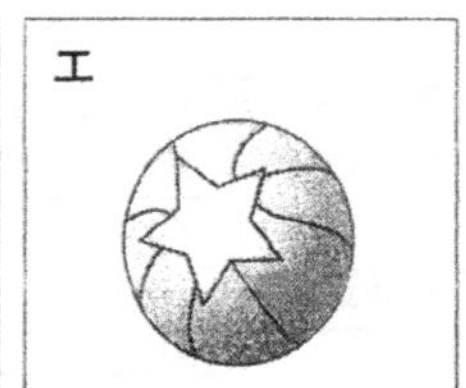

(3)
ア　why don't you send them with your message?
イ　will you send a present to her?
ウ　you should not give flowers to her.
エ　she can give them to you.

(4)

	Name of the Movie	Time	Language
ア	A Beautiful Season	10:00 a.m.～11:45 a.m.	Japanese
イ	Great Family	10:00 a.m.～11:45 a.m.	English
ウ	A Beautiful Season	2:00 p.m.～ 3:45 p.m.	English
エ	Great Family	2:00 p.m.～ 3:45 p.m.	Japanese

1	(1)	
	(2)	
	(3)	
	(4)	
	(5)	

(5) ア Bob is going to visit both the city library and the city museum.

イ Bob is going to write a report with his teacher.

ウ Bob will visit Ms. Tanaka because she works at the library.

エ Bob will visit the city museum first to meet Ms. Tanaka.

2 これから読む英文は，中学生の信二（Shinji）とベーカー先生（Ms. Baker）が話をしているときのものです。この英文を聞いて，(1)，(2)の問いに答えなさい。なお，英文は2回読みます。

英文を聞く前に，まず，(1)，(2)の問いを読みなさい。

(1) 次の①～③に対する答えを，信二とベーカー先生の会話の内容に即して，英語で書きなさい。ただし，解答用紙の________の部分には1語ずつ書くこと。

① How often does Shinji work as a member of 'Nature Club'?

答え He works every ________.

② Who told Shinji about 'Nature Club'?

答え His ________ told him about it.

③ What does Shinji want to do through his activities?

答え He wants to ________ their future.

(2) 信二とベーカー先生の会話の内容に合っているものを，**ア**～**エ**から1つ選び，符号で書きなさい。

ア Shinji and Ms. Baker cleaned a river together.

イ Shinji cleaned a river last weekend, but he could not enjoy it.

ウ Shinji has been a member of 'Nature Club' for about three years.

エ Shinji says he wants to clean Mt. Fuji next year.

2	
	(1)① He works every ________________.
	(1)② His ________________ told him about it.
	(1)③ He wants to ________________ their future.
	(2)

放送文は次ページ。解答例と解説は 23 ページにあります。

過去問題 A 放送文

放送を聞いて答える問題

1

これから短い英文を読みます。英文は(1)から(5)まで5つあります。それぞれの英文を読む前に，日本語で内容に関する質問をします。その質問に対する答えとして最も適切なものを，アからエから1つずつ選び，符号で書きなさい。なお，英文は2回ずつ読みます。

(1)　これから読む英文は，ある絵について説明しているときのものです。何について説明しているのでしょう。

Many people like to go there.　We can find many kinds of fish in it.　We can also enjoy swimming there.　We don’t have this in Gifu.

(2)　これから読む英文は，賢治（ Kenji ）と友達のエミリー（ Emily ）が買い物をしているときの会話です。2人は何を見ながら話をしているのでしょう。

Kenji :　Emily, I like this one.

Emily :　This is so cool, Kenji.　It’s so big that you can even put a basketball in it.

Kenji :　I always have many things to carry, so I like the size.　I also like the design because it has a big star on it.

Emily :　I agree.　You should buy it.

(3)　これから読む英文は，里奈（ Rina ）とトム（ Tom ）との会話です。その会話の最後で，トムがひとこと付け加えるとすると，どの表現が最も適切でしょう。なお，トムがひとこと付け加えるところで，チャイムが鳴ります。

Rina :　I want to give a birthday present to my mother.　Do you have any ideas, Tom?

Tom :　Well, last year I gave my mother some flowers.　She loved them.

Rina :　That’s nice.　Then, I will send pink flowers because it’s her favorite color.

Tom :　That’s a good idea.　And（チャイムの音）

(4)　これから読む英文は，道夫（ Michio ）と留学生のアン（ Anne ）との会話です。2人が見に行こうとしている映画はどれでしょう。

Michio :　Anne, how about going to see ‘A Beautiful Season’?

Anne :　Oh, I’ve already watched it, Michio.　Do you know ‘Great Family’?　I’ve heard it is fun.

Michio :　That sounds good.　Well, are you free tomorrow morning?

Anne :　I’m sorry, I have to go to a piano lesson in the morning.　Let’s see it in the afternoon.

Michio :　No problem.　We can watch it in Japanese or English.　Which do you like?

Anne :　I don’t understand Japanese well, but I want to try.

Michio :　OK.

(5)　これから読む英文は，留学生のボブ（ Bob ）が調べ学習の計画について発表をしているときのものです。ボブの発表の内容に合っているものはどれでしょう。

First, I'm going to borrow some books from the city library to learn about the history of this city.　Then, I'd like to visit Ms. Tanaka.　She worked at the city museum before and knows a lot about this city.　I want to ask her some questions about the city.　After I meet Ms. Tanaka, I'm going to visit the city museum to see many things about the history.　I think that they will give me more information.　Finally, I'm going to write a report and show it to my teacher.

2

これから読む英文は，中学生の信二（ Shinji ）とベーカー先生（ Ms. Baker ）が話をしているときのものです。この英文を聞いて，(1)，(2)の問いに答えなさい。なお，英文は２回読みます。英文を聞く前に，まず，(1)，(2)の問いを読みなさい。
（間３０秒）では，始めます。

Shinji : Good morning, Ms. Baker.
Ms. Baker : Good morning, Shinji.　How was your weekend?
Shinji : I had a great time.　I worked as a member of 'Nature Club'.
Ms. Baker : 'Nature Club'?　What is it?
Shinji : It's like a volunteer group.
Ms. Baker : I see.　Can you tell me more about 'Nature Club'?
Shinji : Of course.　The members meet every month.　We talk about how we can protect nature and work together for that.　For example, we grow plants and clean our city.　Last time we cleaned a river.　I felt sad to see a lot of plastic bags or paper in the river, but after cleaning I felt happy.
Ms. Baker : That's nice!　When did you join 'Nature Club' for the first time?
Shinji : About three years ago.　My brother told me about it.
Ms. Baker : I see.　Why did you decide to work as a volunteer?
Shinji : I became interested in volunteer activities when I saw a TV program.　It was about climbing Mt. Fuji for cleaning.　Now I enjoy 'Nature Club' very much.
Ms. Baker : You're great!
Shinji : I want to continue these activities and improve our future.
Ms. Baker : I hope you will enjoy your work and make our future better!
Shinji : Thank you, I will.

過去問題 B

放送を聞いて答える問題

1　これから短い英文を読みます。英文は(1)～(5)まで五つあります。それぞれの英文を読む前に，日本語で内容に関する質問をします。その質問に対する答えとして最も適切なものを，ア～エの中から一つずつ選び，その符号を書きなさい。

なお，英文については2回ずつ読みます。

(1)

ア 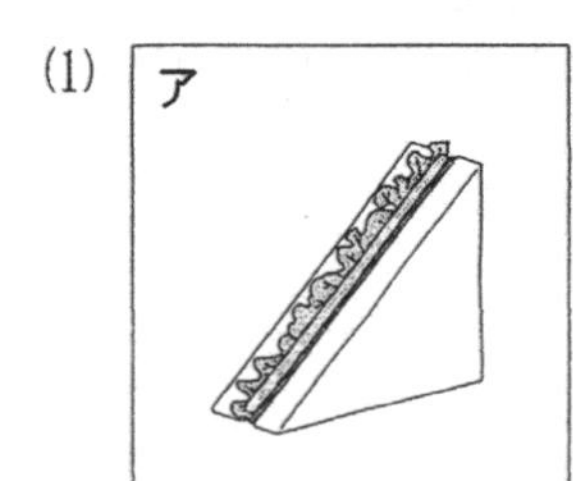

イ 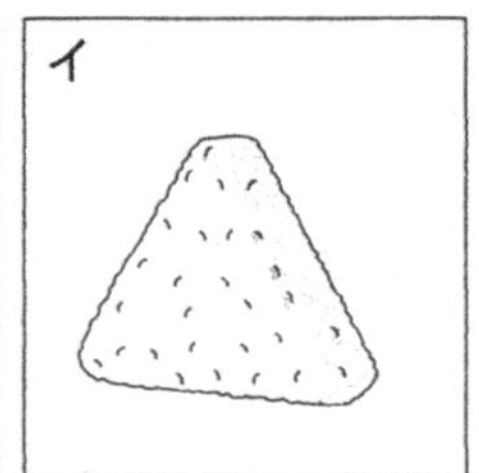

ウ 

エ 

(2)

ア 

イ 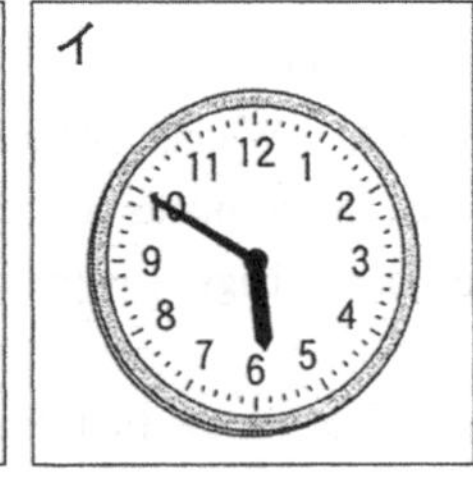

ウ 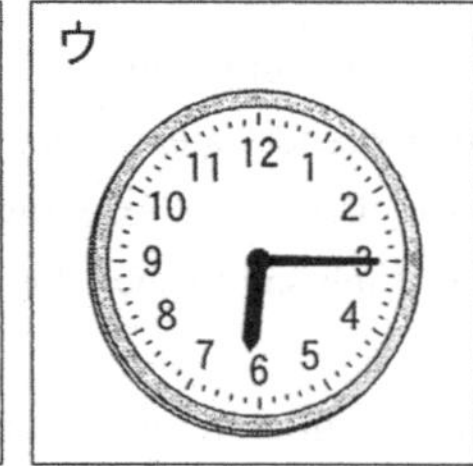

エ 

(3)

ア Let's go there next Monday.
イ Of course, you can.
ウ I'll go there with you.
エ Will you join us?

(4)

ア (Students)

0　10　20　30　40

Playing Sports

Listening to Music

Reading Books

イ (Students)

ウ (Students)

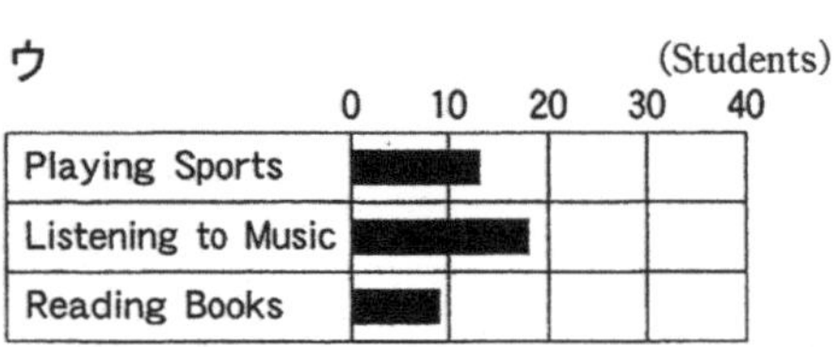

エ (Students)

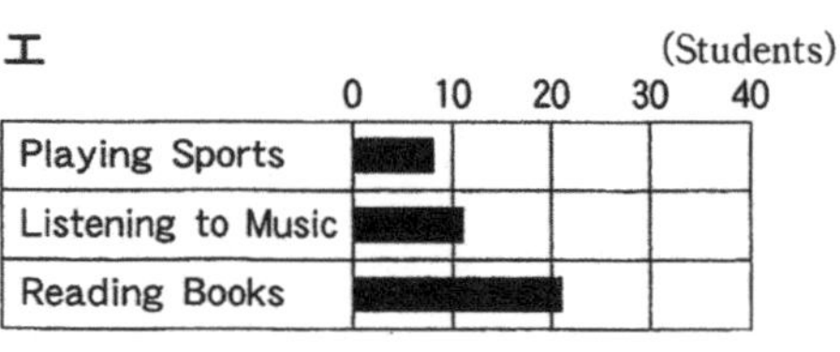

(5)

MESSAGE
To Paul
John wants to change the plan.
①
②

ア

① Saturday morning ➡ Sunday afternoon
② John will call you later.

イ

① Saturday afternoon ➡ Sunday morning
② Call John later.

ウ

① Saturday afternoon ➡ Sunday morning
② John will call you later.

エ

① Sunday afternoon ➡ Saturday morning
② Call John later.

2 これから読む英文は，ブラウン先生（Ms. Brown）が，英語キャンプ（English Camp）に参加している生徒に，1日の予定について説明しているときのものです。この英文を聞いて，(1)，(2)の問いに答えなさい。なお，英文は2回読みます。

英文を聞く前に，まず，(1)，(2)の問いを読みなさい。

(1) 次の①～③に対する答えを，ブラウン先生の説明の内容に即して，英語で書きなさい。ただし，解答用紙の＿＿＿＿の部分には1語ずつ書くこと。

① How will the students be able to learn English in the music class?

答え They will be able to learn English by ＿＿＿＿ English songs.

② If the students want to make robots, where should they go?

答え They should go to the ＿＿＿＿ room.

③ What can the students learn in the world history class?

答え They can learn history and traditional ＿＿＿＿.

(2) ブラウン先生の説明の内容に合っているものを，次のア～エの中から一つ選び，その符号を書きなさい。

ア The students will have lunch together in the garden at one o'clock.

イ The students can join five different classes in the program.

ウ The students can use Japanese if they have any questions.

エ The students will make short speeches in English at the end of the program.

1

(1)		(2)		(3)		(4)		(5)	

2

(1)	① They will be able to learn English by ＿＿＿＿＿＿ English songs.
	② They should go to the ＿＿＿＿＿＿ room.
	③ They can learn history and traditional ＿＿＿＿＿＿.

(2)	

放送文は次ページ。解答例と解説は24ページにあります。

過去問題B 放送文

放送を聞いて答える問題1

これから短い英文を読みます。英文は(1)から(5)まで五つあります。それぞれの英文を読む前に，日本語で内容に関する質問をします。その質問に対する答えとして最も適切なものを，アからエの中から一つずつ選び，その符号を書きなさい。

なお，英文については2回ずつ読みます。

(1) これから読む英文は，ある物についての説明です。何について説明をしているのでしょう。

This is very popular in Japan. You can take it anywhere. It's easy to make. You can put anything you want to eat in it. It's made of rice.

(2) これから読む英文は，トム（ Tom ）とトムの母親との会話です。トムが，普段，朝起きる時刻は何時でしょう。

Mother : Tom, you go on a school trip tomorrow, right? What time do you have to get to school?

Tom : I have to get there at seven. So I want to get up at five fifteen in the morning.

Mother : Oh, OK. But can you get up so early? You usually get up one hour later than that time.

Tom : It will be no problem.

(3) これから読む英文は，由美（ Yumi ）と留学生のマーク（ Mark ）との会話です。その会話の中で，マークがひとこと付け加えるとすると，どの表現が最も適切でしょう。なお，マークがひとこと付け加えるところで，チャイムが鳴ります。

Yumi : What are you going to do this weekend, Mark?

Mark : Well, I don't have any plans yet, Yumi.

Yumi : I'm going to Midori Park with my friends. It has a Japanese garden with many beautiful flowers. Why don't you join us?

Mark : That sounds great. （チャイムの音）

(4) これから読む英文は，中学生の健（ Ken ）がクラスメイトにアンケートを行った結果をグラフにまとめ，英語の授業で発表したときのものです。健が発表のときに見せたグラフはどれでしょう。

I wanted to know what my classmates like to do in their free time. So, I asked forty students in my class about it. Now, look at this. Listening to music is the most popular. More than 20 students listen to music in their free time. I was surprised to know that reading books is more popular than playing sports.

(5)　これから読む英文は，ジョン（ John ）と優子（ Yuko ）との電話での会話です。優子がジョンから頼まれた伝言の内容を正しく表しているものはどれでしょう。

John :　Hello, this is John speaking.　May I speak to Paul?

Yuko :　Hi, John.　This is Yuko speaking.　Sorry, he is out now.

John :　I see.　Can you give him a message?

Yuko :　Sure.

John :　We were planning to play tennis on Saturday afternoon, but I have to go to work then.　So, I'd like to change the plan.　If it's OK, I want to play tennis on Sunday morning.　Please tell him to call me later.

Yuko :　OK, John.

放送を聞いて答える問題２

これから読む英文は，ブラウン先生（ Ms. Brown ）が，英語キャンプ（ English Camp ）に参加している生徒に，１日の予定について説明しているときのものです。この英文を聞いて，(1)，(2)の問いに答えなさい。なお，英文は２回読みます。

英文を聞く前に，まず，(1)，(2) の問いを読みなさい。

では，始めます。

Welcome to English Camp.　I'm Laura Brown.　Please call me Ms. Brown.　First of all, I'd like to tell you about today's program.

First, you have a music class in the morning.　It will start at ten o'clock in the music hall.　You will be able to learn English by singing English songs.　Then, we have lunch together at noon. Let's meet in the garden in front of this building.

In the afternoon, we have two different classes from one o'clock --- the science class in the science room, and the world history class in the library.　In the science class, you can enjoy making your own robot.　In the world history class, you can learn not only history but also traditional culture.　You can choose one class which you would like to join.

At the end of today's program, you will make short English speeches about English Camp.　Please come back to this room at three o'clock.　I hope you will have a great time in each class today.　If you have any questions, please ask any teachers.　OK?

Finally, I want you to remember one important rule: speak only in English during this event.　I'm sure that your English will improve today.　Please do your best and have fun!

実践問題A

【問 1】 リスニングテスト （英語は，(1)では 1 度，(2)，(3)，(4)では 2 度読みます。）

(1) No. 1

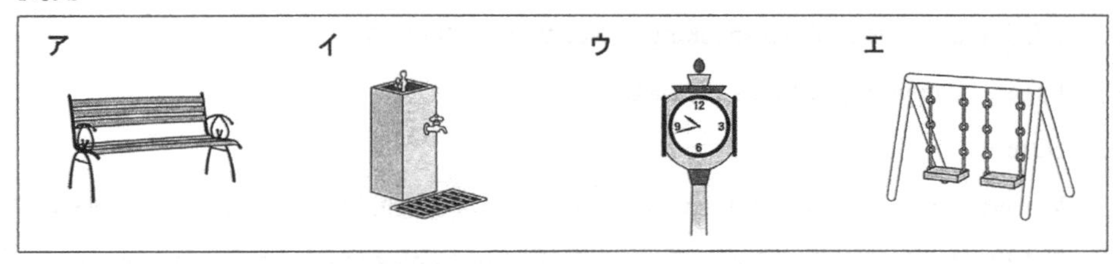

No. 2

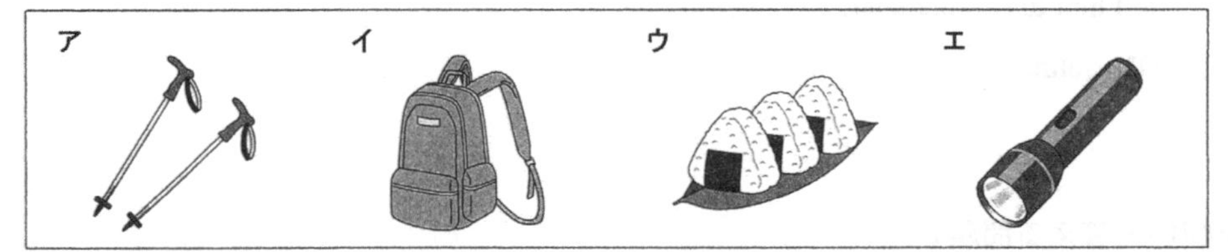

No. 3

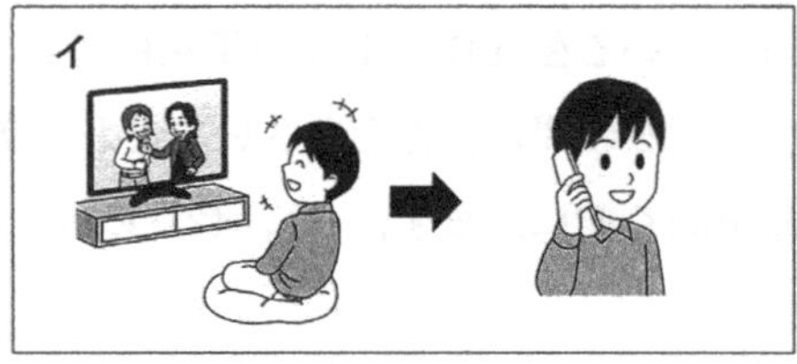

(2) No. 1 **<電話の会話>**

ア	サリーにパーティーに来てほしいから	**イ**	サリーにカメラを貸してほしいから
ウ	サリーにパーティーに招待してほしいから	**エ**	サリーにカメラがあるか確かめてほしいから

No. 2 **<週末の自宅のリビングでの会話>**

ア	翌日に友達が来ることになったから	**イ**	飲み物をこぼしてしまったから
ウ	掃除するように母に頼まれたから	**エ**	お菓子や飲み物がほしかったから

No. 3 **<わかば市立図書館の館内放送>**

ア	イベントが開催される日時	**イ**	イベントに参加できる子供の年齢
ウ	イベントの受付日時	**エ**	イベントに参加できる子供の人数

	No. 1	No. 2	No. 3
(1)			

	No. 1	No. 2	No. 3
(2)			

(3) No. 1 **Question**：ごみステーション ◎ の位置を示している地図はどれですか。
(★は加奈とスミスさんが初めに会話をしている位置を示す。)

ア　　ウ

イ

エ

No. 2 **Question**：ごみステーションに立っている看板に書かれていることはどれですか。

ア

日	月	火	水	木	金	土
	燃えるごみ		プラスチック	燃えるごみ	資源物(古紙)	

イ

日	月	火	水	木	金	土
	燃えるごみ	資源物(古紙)		燃えるごみ	プラスチック	

ウ

日	月	火	水	木	金	土
	資源物(古紙)	燃えるごみ	プラスチック		燃えるごみ	

エ

日	月	火	水	木	金	土
	プラスチック	燃えるごみ		資源物(古紙)	燃えるごみ	

(4) No. 1 **Question**：チャイムの部分で街の人が話した英語はどれですか。

ア　you can wait for the next bus
イ　you want to go there someday
ウ　you want to get there quickly
エ　you can tell me how to get there

No. 2 **Question**：2人の会話についてまとめた次の英文の(　　　)にはどのような英語が入りますか。適切な英語1語を書きなさい。

The man told the visitor to take a taxi because the visitor was in a hurry. It was (　　　) than any other ways from the station to Shinshu Stadium.

	No. 1	No. 2
(3)		

	No. 1	No. 2
(4)		

放送文は次ページ。解答例と解説は 25 ページにあります。

実践問題A　放送文

問題は，(1)，(2)，(3)，(4)があります。(1)から(4) No. 1 は，英語を聞いて，質問の答えとして最も適切なものを，アからエの中から1つずつ選び，記号を書きなさい。(4) No. 2 は，問題冊子に書かれた指示に従って，英語を書きなさい。英語は，(1)では1度，(2)，(3)，(4)では2度読みます。メモをとってもかまいません。

まず，(1)から始めます。(1)は，No. 1 から No. 3 のそれぞれの絵を見て答える問題です。英語は1度読みます。それでは，始めます。

No. 1　Look at No. 1 . We are at the park now. We look at this when we want to know the time. Which picture shows this?

No. 2　Look at No. 2 . We usually use this when we carry things on a hiking trip. Which picture shows this?

No. 3　Look at No. 3 . The boy wanted to watch TV after doing his homework. When he finished his homework, his grandmother called him. It was his birthday, so he talked a lot on the phone with her and he could not watch TV. Which picture shows what the boy did first and second?

これで(1)は終わります。

次の(2)では，No. 1 と No. 2 で2人が会話をしています。No. 3 では館内放送が流れます。それぞれの会話と館内放送の後，"**Question**" と言ってから，内容についての質問をします。英語は2度読みます。それでは，始めます。

No. 1　※　**A**：Hello, this is Sally.
B：Hi, Sally. This is Koji. Thank you for inviting me to your party yesterday. I'm calling you because I lost my camera. Did you see it anywhere?
A：No, I didn't. I'll look for it.
B：Thanks. Please call me if you find it.
Question：Why did Koji call Sally?

繰り返します。※　略

No. 2　※　**A**：What are you going to do this afternoon?
B：My friends will come tomorrow, so I'm going to clean my room.
A：How many friends will come?
B：Two. Later, another friend may come.
Question：Why will the boy clean his room?

繰り返します。※　略

No. 3　※（図書館の館内放送）The Wakaba City Library has an event called "Picture Book Reading for Children." We have this event on the first Thursday of each month from 4:00 p.m. to 5:00 p.m. In this event, English picture books are introduced each time. If your children want to join this event, please come to the entrance of the library next Sunday at 2:00 p.m. Thirty children can join this event and we will give a picture book to each of them.
Question：Which is the information you don't have now?

繰り返します。※　略

これで(2)は終わります。

次の(3)では，中学生の加奈が，最近，隣に引っ越してきた外国人のスミスさん（Mr. Smith）と会話をしています。内容に関する No. 1 と No. 2 の質問と答えの選択肢を，今から10秒間で確認しなさい。

（間10秒）

英語は2度読みます。それでは，始めます。

※

Kana：Good morning, Mr. Smith.
Mr. Smith：Good morning, Kana. Could you tell me where to put this garbage bag?
Kana：Can you see the traffic light? Turn left at that corner. Then, you'll see a garbage station on your right.
Mr. Smith：It's next to the park, right? I just went there, but there was nothing there. So, I thought I was in the wrong place.
Kana：I don't think so. Let's check.

Kana：Oh, you're right. There are no garbage bags here, but I understand why.
Mr. Smith：What is it?
Kana：Look at this. Today isn't the day for collecting garbage.
Mr. Smith：Oh, I see. So, I should bring it tomorrow.
Kana：That's right. And the day after tomorrow will be a plastic day.
Mr. Smith：Thank you, Kana.

繰り返します。※　略

これで(3)は終わります。

次の(4)では，ある旅行客が駅前でコンサート会場までの行き方を街の人に尋ねています。会話の途中で，セリフの代わりに次のようなチャイムの音（チャイム音）が鳴るところがあります。内容に関する No. 1 の質問と答えの選択肢を，No. 2 の質問と英文を，今から10秒間で確認しなさい。

（間10秒）

英語は2度読みます。それでは，始めます。

※

visitor：Excuse me. How can I get to Shinshu Stadium?
man：Take bus No. 7, but you need to wait for about thirty minutes for the next bus.
visitor：Oh, that's too late. Are there any other ways?
man：Do you mean (　　　　　　　　　　)?
visitor：Yes, I'm in a hurry. The concert starts soon.
man：Well, just take a taxi. It takes maybe ten minutes.

繰り返します。※　略

〔アナウンス　4〕

これでリスニングテストを終わります。

（四点チャイム）

実践問題B

放送を聞いて，あとの各問いに答えなさい。

(1) 下の表についての英語による質問を聞いて，その質問に対する答えとして，ア～エから最も適当なものを１つ選び，その記号を書きなさい。

名前	練習したスポーツ	練習した日
Kana	バスケットボール	この前の水曜日
Akiko	バスケットボール	この前の土曜日
Kenji	テニス	この前の水曜日
Naoto	テニス	この前の土曜日

ア．Kana did.
イ．Akiko did.
ウ．Kenji did.
エ．Naoto did.

(2) 英語による対話を聞いて，それぞれの質問に対する答えとして，ア～エから最も適当なものを１つ選び，その記号を書きなさい。

No. 1

ア．Yes, he did.
イ．No, he didn't.
ウ．Yes, he will.
エ．No, he won't.

No. 2

ア．She climbed a mountain with her sister.
イ．She climbed a mountain with her friend.
ウ．She watched a movie with her sister.
エ．She watched a movie with her friend.

No. 3

ア．He will have soup.
イ．He will buy bread.
ウ．He will make salad.
エ．He will cook omelets.

(1)						
(2)	No. 1		No. 2		No. 3	

(3) 英語による対話を聞いて，それぞれの対話の最後の英文に対する受け答えとして，ア～ウから最も適当なものを１つ選び，その記号を書きなさい。

No. 1

ア. Here you are.
イ. You're welcome.
ウ. It's perfect.

No. 2

ア. This morning.
イ. Two hours later.
ウ. Near the bed.

No. 3

ア. About two hours ago.
イ. At about seven in the evening.
ウ. For about three minutes.

No. 4

ア. When I was eight years old.
イ. It was so difficult.
ウ. My brother taught me.

(4) 高校生の Emi と，カナダからの留学生の Mark との英語による対話を聞いて，それぞれの質問に対する答えとして，ア～エから最も適当なものを１つ選び，その記号を書きなさい。

No. 1

ア. Yes, she has.
イ. No, she hasn't.
ウ. Yes, she does.
エ. No, she doesn't.

No. 2

ア. How to find interesting flowers and trees.
イ. How to take pictures of flowers.
ウ. The names of flowers in Japanese.
エ. The names of flowers in English.

No. 3

ア. At 7:30.
イ. At 7:40.
ウ. At 8:20.
エ. At 8:30.

(3)	No. 1		No. 2			
	No. 3		No. 4			
(4)	No. 1		No. 2		No. 3	

放送文は次ページ。解答例と解説は 26 ページにあります。

実践問題Ｂ　放送文

問題は，(1)，(2)，(3)，(4)の４つです。問題用紙の各問いの指示に従って答えなさい。聞いている間にメモを取ってもかまいません。

それでは，(1)の問題から始めます。(1)の問題は，表を見て答える問題です。下の表についての英語による質問を聞いて，その質問に対する答えとして，**ア**～**エ**から最も適当なものを１つ選び，その記号を書きなさい。質問は１回だけ放送します。

では，始めます。

> Who practiced basketball last Wednesday?

これで(1)の問題を終わり，(2)の問題に移ります。

(2)の問題は，英語による対話を聞いて，質問に答える問題です。それぞれの質問に対する答えとして，**ア**～**エ**から最も適当なものを１つ選び，その記号を書きなさい。対話は，No. 1，No. 2，No. 3の３つです。対話と質問は１回ずつ放送します。

では，始めます。

No. 1
A : Hi, Mike. I'm hungry. Why don't we have lunch?
B : Sure, Yumi. I'm hungry, too.
A : There are two restaurants near here. Which do you want to have, a hamburger or curry?
B : Well.... I had curry last night. So, I want a hamburger for lunch.

質問します。　Did Mike eat a hamburger last night?

No. 2
A : Hi, Paul. How was your weekend?
B : It was nice! I climbed a mountain with my sister. How about you, Hannah?
A : I enjoyed watching a movie with my friend. The story was so nice. I want to watch it again!
B : Oh, that's good.

質問します。　What did Hannah do on the weekend?

No. 3
A : Can you help me cook dinner, John?
B : Sure, mom. What will we have for dinner today?
A : We will have salad, omelets, soup and bread. I'm cooking soup and I asked your father to buy bread for dinner.
B : OK. Then, I will make salad first. Next, I will cook omelets, too.
A : Thank you. You always make delicious dishes.
B : I want to be a cook in the future.

質問します。　What will John do first?

これで(2)の問題を終わり，(3)の問題に移ります。

(3)の問題は，英語による対話を聞いて，答える問題です。それぞれの対話の最後の英文に対する受け答えとして，**ア**～**ウ**から最も適当なものを１つ選び，その記号を書きなさい。対話は，No. 1，No. 2，No. 3，No. 4の４つです。対話は１回ずつ放送します。
では，始めます。

No. 1
A : May I help you?
B : Yes, I'm looking for a cap. I like this one, but it's a little small for me.
A : OK. How about this bigger one?

No. 2
A : Good morning, Bob. Oh, what's wrong?
B : I feel sick and I have a stomachache.
A : Oh, no. When did the stomachache start?

No. 3
A : Hello, this is Harry. May I speak to Jack, please?
B : Sorry, he isn't at home now. Any messages?
A : No, thank you. What time will he come back?

No. 4
A : Nick, what are you doing?
B : I'm drawing a picture with a computer.
A : Wow, it's beautiful. How did you learn about drawing pictures with a computer?

これで(3)の問題を終わり，(4)の問題に移ります。

(4)の問題は，高校生の Emi とカナダからの留学生の Mark との英語による対話を聞いて，質問に答える問題です。それぞれの質問に対する答えとして，**ア**～**エ**から最も適当なものを１つ選び，その記号を書きなさい。対話と質問は２回ずつ放送します。
では，始めます。

Emi : Mark, do you have any plans this weekend?
Mark : Yes, I'm going to join the event to enjoy hiking in Midori Park this Sunday.
Emi : Oh, I'm going to join it with my sister, Chika, too. Can you come with us?
Mark : Sounds good. Thank you. Have you joined the event before?
Emi : Yes. My mother and I join it every year. This year, she can't join it, but Chika will come with me. She will join it for the first time.
Mark : Me, too. I want to find interesting flowers and trees in the park. Look. I took these pictures of flowers in my country.
Emi : How beautiful! Do you know the names of these flowers?
Mark : Yes. I learned them from books about flowers.
Emi : Chika and I often read books about flowers, too. At the event, we want to find the flowers we saw in the books.
Mark : How nice! Can you teach me the names of flowers in Japanese at the event?
Emi : Sure. Then, can you teach us the names of flowers in English?
Mark : Yes, of course. Where should we meet on Sunday?
Emi : Let's meet at Yamanaka Station at 7:30. We can take the train that leaves the station at 7:40.
Mark : OK. Can we get to the park before the event by that train?
Emi : Don't worry. The train arrives at Midori Park Station at 8:10, and then it takes ten minutes to the park. So at the park, we'll still have ten minutes before the event starts.
Mark : I see. I'm looking forward to the event.

質問します。
No. 1 Has Chika joined the event to enjoy hiking in Midori Park before?
No. 2 What will Mark teach Emi and her sister?
No. 3 What time will the event to enjoy hiking in Midori Park start?

実践問題C

「放送による聞き取りテスト」

問1　英語の質問を聞き、絵が示す内容に合う答えを選ぶ問題です。質問に対する答えとして最も適当なものを、続けて読まれるア～ウの中から一つ選び、記号を書きなさい。

1番

2番

ケンの今週の予定		
曜日	時間	
日	9:00 a.m.	宿題
月	5:00 p.m.	図書館
火	6:00 p.m.	英語の塾
水	5:00 p.m.	図書館
木	5:00 p.m.	テニス
金	6:00 p.m.	買い物
土	10:00 a.m.	野球

問2　会話を聞いて答える問題です。会話のあとに続けて読まれる質問に対する答えとして最も適当なものを、ア～ウの中から一つ選び、記号を書きなさい。

1番　ア　At a station.
　　　イ　At a gym.
　　　ウ　At a shop.

2番　ア　Science.
　　　イ　Math.
　　　ウ　English.

問3　会話を聞いて答える問題です。最後の発言に対する受け答えとして最も適当なものを、ア～エの中から一つ選び、記号を書きなさい。

1番　ア　That's too bad.
　　　イ　Yes, you can play baseball.
　　　ウ　I'm fine, thank you.
　　　エ　No, it isn't.

2番　ア　It is ¥540.
　　　イ　Yes, it is.
　　　ウ　About 20 minutes by train.
　　　エ　This train does.

3番　ア　No, thank you.
　　　イ　Yes, I want them to go.
　　　ウ　I don't have time to have lunch.
　　　エ　I don't like orange juice.

問4　留学生のピーター（*Peter*）と中学生の香代（*Kayo*）が会話をしている場面です。会話のあとに続けて読まれる三つの質問に対する答えとして最も適当なものを、ア～エの中から一つ選び、記号を書きなさい。

1番　ア　He gave his money to people.
　　　イ　He cleaned the park.
　　　ウ　He visited his friend.
　　　エ　He bought juice.

2番　ア　Cleaning parks.
　　　イ　Collecting bottles.
　　　ウ　Visiting old people.
　　　エ　Selling something.

3番　ア　They will go to the station.
　　　イ　They will sell something at a charity event.
　　　ウ　They will buy something to help people.
　　　エ　They will make juice.

問1	1番		2番			
問2	1番		2番			
問3	1番		2番		3番	
問4	1番		2番		3番	

放送文は次ページ。解答例と解説は 27 ページにあります。

実践問題C　放送文

これから、放送による聞き取りテストを行います。問題は、それぞれ２回ずつ放送します。放送中にメモをとってもかまいません。

では、問１の問題を始めます。これは、英語の質問を聞き、絵が示す内容に合う答えを選ぶ問題です。質問に対する答えとして最も適当なものを、続けて読まれるア～ウの中から一つ選び、記号を書きなさい。では、始めます。

１番　What is the cat under the table doing?
ア　It's sleeping.　　イ　It's eating fish.　　ウ　It's running.

（約２秒おいて）繰り返します。（約５秒休止）

２番　When is Ken going to play tennis?
ア　He is going to do it on Monday at 10 o'clock in the morning.
イ　He is going to do it on Thursday at 5 o'clock in the afternoon.
ウ　He is going to do it on Sunday at 5 o'clock in the afternoon.

（約２秒おいて）繰り返します。（約５秒休止）
［チャイムの音　一つ］

問２の問題に移ります。これは、会話を聞いて答える問題です。会話のあとに続けて読まれる質問に対する答えとして最も適当なものを、ア～ウの中から一つ選び、記号を書きなさい。では、始めます。

１番　*A :*　Hello. May I help you?
B :　Yes, I want to buy a watch.
A :　How about this? This new one is very popular.
B :　It looks good. I'll take it.
(Question)　*Where are they talking?*

（約２秒おいて）繰り返します。（約５秒休止）

２番　*Takuya :*　Do you like science, Naomi?
Naomi :　No, I don't. My favorite subjects are math and English. How about you, Takuya?
Takuya :　I don't like math. I like science the best.
Naomi :　Science is too difficult for me.
(Question)　*What is Takuya's favorite subject?*

（約２秒おいて）繰り返します。（約５秒休止）
［チャイムの音　一つ］

問３の問題に移ります。これは、会話を聞いて答える問題です。最後の発言に対する受け答えとして最も適当なものを、ア～エの中から一つ選び、記号を書きなさい。では、始めます。

１番　*A :*　How will the weather be tomorrow?
B :　It will be rainy.
A :　Oh, no. I will have sports day tomorrow.

（約５秒おいて）繰り返します。（約５秒休止）

２番　*A :*　Excuse me, could you help me?
B :　Sure.
A :　Which train goes to Hakata station?

（約５秒おいて）繰り返します。（約５秒休止）

３番　*A :*　Good evening. What do you want today?
B :　A cheeseburger and an orange juice, please.
A :　Anything else?

（約５秒おいて）繰り返します。（約５秒休止）
［チャイムの音　一つ］

問４の問題に移ります。留学生のピーター（*Peter*）と中学生の香代（*Kayo*）が会話をしている場面です。会話のあとに続けて読まれる三つの質問に対する答えとして最も適当なものを、ア～エの中から一つ選び、記号を書きなさい。では、始めます。

Kayo :　Hello, Peter. I heard you did volunteer work yesterday. What did you do?
Peter :　Hi, Kayo. Yes, I did. I cleaned the park near my house.
Kayo :　Was it the first time for you to do volunteer work?
Peter :　No, it wasn't. I did volunteer work many times in America.
Kayo :　What did you do in America?
Peter :　I usually sold something. It is very popular volunteer work.
Kayo :　Tell me more.
Peter :　It's a charity event. We sell juice to get money. We give the money to people who need it.
Kayo :　It sounds good. I want to do it. Shall we try it here in Saga?
Peter :　OK. What will we do then? How will we get money?
Kayo :　How about collecting things which people don't use? We will have a charity event next month. We can sell those things at the charity event. We can get money and help people! I'll ask my family and my friends. They will help us.
Peter :　Yes, please.

（約５秒休止）

１番　What did Peter do yesterday?

（約７秒休止）

２番　What is the popular volunteer work in America?

（約７秒休止）

３番　What will they do next month?

（約７秒おいて）繰り返します。（約７秒休止）

これで、放送による聞き取りテストを終わります。

過去問題A

解答例

1．(1)イ　(2)ア　(3)ア　(4)エ　(5)ア

2．(1)①month　②brother　③improve　　(2)ウ

解説

1(1)「多くの人々がそこに行くのが好きです。その中にたくさんの種類の魚がいます。そこで泳ぎを楽しむこともできます。岐阜にはありません」より，イ「海」が適切。

(2) 賢治「エミリー，僕はこれが好きだよ」→エミリー「これはとてもすてきだわ，賢治。すごく大きいから，中にバスケットボールも入れられるわね」→賢治「僕はいつもたくさん運ぶものがあるから，このサイズがいいんだ。大きな星1つのデザインも好きだよ」→エミリー「そうね。それを買うべきよ」より，アが適切。

(3) 里奈「私は母に誕生日プレゼントをあげたいわ。何かいいアイデアはある，トム？」→トム「うーん，昨年僕は母に花をあげたよ。彼女はすごく気に入ってくれたよ」→里奈「素敵だわ。それじゃあ私はピンクの花でも送ろうかな。ピンクは彼女のお気に入りの色なの」→トム「いいアイデアだね。(　　)」より，ア「君のメッセージを付けて送ったらどう？」が適切。

(4) 道夫「アン，『A Beautiful Season』を見に行くのはどう？」→アン「ああ，すでにそれを見ちゃったわ，道夫。『Great Family』を知っている？面白いらしいわよ」→道夫「いいね。じゃあ，明日の午前中は空いている？」→アン「ごめんね，午前中はピアノのレッスンに行かなければならないわ。午後に見ましょう」→道夫「いいよ。日本語(吹き替え)と英語(字幕)で見ることができるよ。どっちがいい？」→アン「日本語はあまりわからないけど，挑戦してみたいわ」→道夫「わかったよ」より，エが適切。

(5) 【放送文の要約】参照。ア「ボブは市立図書館と市立博物館の両方に行くつもりです」

【放送文の要約】

まず，この街の歴史を学ぶために，ア市立図書館から本を借ります。それから，田中さんのもとを訪れたいです。彼女は以前に市立博物館で働いていて，この街についてよく知っています。彼女に街について質問したいです。田中さんに会った後，歴史についていろいろと見るために，ア市立博物館に足を運びます。それらは私により多くの情報を与えてくれると思います。最後に，レポートを書いて先生に見せます。

2【放送文の要約】参照。

(1)① 質問「信二は『ネイチャークラブ』のメンバーとしてどのくらいの頻度で働きますか？」…彼は毎月(＝every month)働きます。　② 質問「誰が信二に『ネイチャークラブ』について言いましたか？」…彼の兄(＝brother)がそれについて言いました。　③ 質問「信二は活動を通して何をしたいですか？」…彼は未来を良くし(＝improve)たいです。

(2) ウ○「信二は3年間『ネイチャークラブ』のメンバーです」が適切。ア「信二とベーカー先生は一緒に川を掃除しました」，イ「信二はこの前の週末，川を掃除しましたが，楽しめませんでした」，エ「信二は来年，富士山を掃除したいと言っています」は放送文にない内容。

【放送文の要約】

信二　　　　：おはようございます，ベーカー先生。

ベーカー先生：おはよう，信二。週末はどうだったの？

信二　　　　：とても楽しかったです。私は「ネイチャークラブ」のメンバーとして働いていました。

ベーカー先生：「ネイチャークラブ」？それは何なの？

信二　　　　：それはボランティアグループのようなものです。

ベーカー先生：なるほど。「ネイチャークラブ」について詳しく教えてくれない？

信二　　　　：もちろんです。(1)①メンバーは毎月顔を合わせます。自然を守る方法について話し合い，それに向けて協力して働きます。例えば，私たちは植物を育て，街をきれいにします。前回は川を掃除しました。川の中にビニール袋や紙がたくさんあって悲しくなりましたが，掃除をした後は嬉しかったです。

ベーカー先生：いいわね！「ネイチャークラブ」に初めて参加したのはいつなの？

信二　　　　：(2)ウ約3年前です。(1)②兄がそれについて教えてくれました。

ベーカー先生：なるほど。なぜボランティアとして働くことにしたの？

信二　　　　：テレビ番組を見たとき，ボランティア活動に興味を持ちました。それは掃除のために富士山に登るというものでした。今は「ネイチャークラブ」をとても楽しんでいます。

ベーカー先生：あなたは素晴らしいわ！

信二　　　　：(1)③これからも活動を続けて，未来を良くしていきたいです。

ベーカー先生：あなたが活動を楽しんで，私たちの未来を良くしてくれることを願っているわ！

信二　　　　：ありがとうございます，がんばります。

過去問題 B

解答例

1．⑴イ　⑵ウ　⑶ウ　⑷ア　⑸イ

2．⑴①singing　②science　③culture　⑵エ

解説

1⑴ 「日本でとても人気があり，どこへでも持って行けます。作るのが簡単です。何でも好きな具材を入れることができます。お米でできています」より，イ「おにぎり」が適切。

⑵ 母親「トム，明日は学校の遠足よね？何時に学校に到着しなければならないの？」→トム「7時までに行かなきゃならないんだ。だから，朝5時15分に起きたいよ」→母親「そう，わかったわ。でもそんなに早く起きられる？いつもはその時間よりも1時間遅く起きるでしょ」→トム「大丈夫だよ」より，普段，トムが起きる時間は5時15分の1時間後のウ「6時15分」が適切。

⑶ 由美「今週末は何をするの，マーク？」→マーク「まだ予定はないよ，由美」→由美「私は友達とミドリ公園へ行くの。そこにはきれいな花がたくさん咲いている日本庭園があるのよ。あなたも一緒に行かない？」→マーク「いいね。(　　)」　この会話の(　　)に入るものだから，ウ「僕も君たちと一緒に行くよ」が適切。

⑷ 「僕はクラスメートが暇な時間に何をするのが好きかを知りたかったので，クラスの40人に尋ねました。では，これを見てください。音楽鑑賞は最も人気があります。20人以上の生徒が暇なとき音楽を聴いています。僕は，読書がスポーツよりも人気があるのを知って驚きました」より，アが適切。

⑸ ジョンはポールに電話をしたが，不在だったため優子に伝言を頼んだ。ジョンの3回目の発言「僕らは土曜日の午後にテニスをする予定だった。でも，僕はその時間は仕事に行かなくてはならないから予定を変更したいんだ。都合が合えば，日曜日の午前にテニスをしたい。彼(＝ポール)に，後で僕(＝ジョン)のところに電話するよう伝えてほしい」より，イ ①土曜日の午後⇒日曜の午前日　②後でジョンに電話するが適切。

2⑴ 【日本語訳】参照。① 質問「生徒たちは音楽の授業でどうやって英語を学ぶことができますか？」…「英語の歌を歌うこと(＝singing)で英語を学ぶことができます」　② 質問「ロボットを作りたい場合，生徒たちはどこへ行くべきですか？」…「理科室(＝science room)へ行くべきです」

③ 質問「生徒たちは世界史の授業で何を学ぶことができますか？」…「歴史と伝統文化(＝traditional culture)を学ぶことができます」

⑵ ○は【日本語訳】参照。ア「生徒たちは×1時に庭で一緒にお昼を食べる」　イ「プログラムでは，生徒たちは×5つの授業を受けられる」　ウ「生徒たちは，質問があれば×日本語を使っても良い」　エ○「プログラムの最後に，生徒たちは英語で短いスピーチをする」

【日本語訳】

英語キャンプにようこそ。私はローラ・ブラウンです。ブラウン先生と呼んでください。最初に，今日の予定を説明します。

まず，午前中に音楽の授業があります。10時から音楽室で開始します。⑴①英語の歌を歌って英語を学ぶことができます。それから12時に一緒にお昼を食べましょう。この建物の前の庭に集まってください。

午後は，1時から2つのクラスに分かれます。⑴②理科の授業は理科室で，世界史の授業は図書室で行います。理科の授業では，自分のロボットを作ることを楽しめます。⑴③世界史の授業では，歴史だけでなく伝統文化についても学ぶことができます。参加したい授業を1つ，選択してください。

⑵エ今日のプログラムの最後に，英語キャンプについて，英語で短いスピーチをしてください。3時にこの部屋に戻ってきてください。今日みなさんがどの授業も楽しめることを願っています。質問がある場合は，どの先生でもいいので尋ねてください。いいですね？

最後に，ひとつ大事なルールを覚えておいてください。それは，このキャンプ中は英語しか話してはいけない，ということです。みなさんの英語は今日必ず良くなります。最善を尽くし，そして楽しんでください！

実践問題A

解答例

(1)No. 1．ウ　No. 2．イ　No. 3．エ

(2)No. 1．エ　No. 2．ア　No. 3．イ

(3)No. 1．ア　No. 2．イ

(4)No. 1．ウ　No. 2．faster〔別解〕better

解説

(1)No. 1　「私たちは今，公園にいます。時間を知りたいとき，これを見ます。どの絵がこれを表していますか？」…ウ「時計（台）」が適切。

No. 2　「私たちは普通，ハイキングで物を運ぶときにこれを使います。どの絵がこれを表していますか？」…イ「リュックサック」が適切。

No. 3　「男の子は宿題をした後でテレビを見たいと思っていました。宿題を終えた時，祖母が彼に電話をしてきました。彼の誕生日だったので，彼は祖母と電話でたくさん話をして，テレビを見ることができませんでした。男の子が最初と2番目にしたことを表しているのはどの絵ですか？」…エ「宿題をした後，電話で話した」が適切。

(2)No. 1　質問「なぜコウジはサリーに電話しましたか？」…A「こんにちは。サリーです」→B「やあ，サリー。コウジだよ。昨日はパーティに招いてくれてありがとう。君に電話したのは，僕がカメラを失くしたからなんだ。どこかで見なかった？」→A「いいえ，見なかったわ。探してみるね」→B「ありがとう。見つかったら，電話してね」より，エが適切。

No. 2　質問「なぜその男の子は自分の部屋を掃除しましたか？」…A「今日の午後は何をする予定？」→B「明日，友達が来るから，自分の部屋を掃除するつもりだよ」→A「友達は何人来るの？」→B「2人だよ。後でもう1人，来るかもしれないな」より，アが適切。

No. 3　質問「今，あなたにない情報はどれですか？」…（図書館の館内放送）「ワカバ市立図書館は『子供たちへの絵本の読み聞かせ』というイベントを開催します。このイベントは毎月第一木曜日，午後4時から5時まで行われます。このイベントでは，毎回，英語の絵本が紹介されます。このイベントに参加したいお子さんは，今度の日曜日午後2時に図書館の玄関に来てください。このイベントには30人のお子さんが参加できて，各自に絵本を差し上げます」より，イが適切。

(3)【放送文の要約】参照。

No. 1　加奈の2回目の発言「信号を左折して，右側のごみステーション」より，アが適切。

No. 2　加奈の5，6回目の発言「今日はごみの回収日ではない」と「あさってはプラスチックごみの回収日」，スミス先生の4回目の発言「ごみ袋は明日，持ってくるべき」より，イが適切。　・day after tomorrow「あさって」

【放送文の要約】

加奈　：おはようございます，スミスさん。

スミス：おはようございます，加奈さん。どこにこのごみ袋を置けばいいのか，教えてくれませんか？

加奈　：No.1ア信号が見えますか？その角を左に曲がってください。そうすれば，右側にごみステーションが見えます。

スミス：それは公園の隣，ですよね？そこへ行ったばかりですが，何もありませんでした。だから，私が間違った場所にいると思ったのです。

加奈　：そんなことはないですよ。確かめてみましょう。

加奈　：まあ，あなたの言う通りですね。ここにごみ袋がありませんが，理由がわかりました。

スミス：それは何ですか？

加奈　：これを見てください。No.2イ今日はごみの回収日ではないです。

スミス：ああ，そうですね。そしてNo.2イごみ袋は明日，持ってくるべきですね。

加奈　：その通りです。それと，No.2イあさってはプラスチックごみの日です。

スミス：ありがとう，加奈さん。

(4)【放送文の要約】参照。

No. 1　旅行客の2回目の発言より，ウが適切。

No. 2　2人の会話をまとめた文

「男性は旅行客にタクシーに乗るように言った。なぜなら旅行客が急いでいたからである。それが駅から信州スタジアムへ行くどんな方法よりも，より速い（＝faster）」

【放送文の要約】

旅行客：すみません。信州スタジアムはどのように行けばいいですか？

男性　：7番のバスに乗ってください。でも次のバスまで約30分待つ必要があります。

旅行客：まあ，ずい分，遅いですね。何か他の方法がありますか？

男性　：ウそこにもっと早く着きたい，ということですね？

旅行客：はい，急いでいます。コンサートがもうすぐ始まるんです。

男性　：それなら，タクシーに乗ってください。だいだい10分くらいで着きますよ。

実践問題B

解答例

(1)ア　(2)No. 1. イ　No. 2. エ　No. 3. ウ
(3)No. 1. ウ　No. 2. ア　No. 3. イ　No. 4. ウ
(4)No. 1. イ　No. 2. エ　No. 3. エ

解説

(1)　質問「この前の水曜日にバスケットボールを練習したのは誰ですか？」…表から，アが適当。

(2)**No.1**　質問「マイクは昨日の晩にハンバーガーを食べましたか？」…A「こんにちは，マイク。お腹が空いたね。昼食を食べない？」→B「いいよ，ユミ。僕もお腹が空いたよ」→A「この近所にレストランが２つあるの。あなたはハンバーガーとカレーのどちらが食べたい？」→B「そうだね…。昨日の晩，カレーを食べたんだ。だから昼食はハンバーガーが食べたいな」より，イ「いいえ，食べませんでした」が適当。　**No.2**　質問「ハンナは週末に何をしましたか？」…A「こんにちは，ポール。週末はどうだった？」→B「良かったよ！姉（妹）と山に登ったんだ。ハンナ，君は？」→A「私は友達と映画を見て楽しんだの。ストーリーがとても素敵だった。もう一度，見たいな！」→B「おお，それは良かったね」より，エ「彼女は友達と映画を見ました」が適当。
No.3　質問「ジョンは最初に何をしますか？」…A「ジョン，夕食を作るのを手伝ってくれない？」→B「いいよ，ママ。今日は何にするの？」→A「サラダとオムレツ，スープにパンよ。私はスープを作っているところよ。お父さんには夕食のパンを買ってくるように頼んだわ」→B「ＯＫ。じゃあ，僕は最初にサラダを作るよ。次にオムレツも作るね」→A「ありがとう。あなたはいつもおいしい料理を作るわね」→B「僕は将来，コックになりたいんだ」より，ウ「彼はサラダを作ります」が適当。

(3)　**No.1**　A「何かお探しでしょうか？」→B「はい，帽子を探しています。この帽子が気に入ったのですが，私には少し小さいです」→A「わかりました。こちらの大きめの帽子はいかがですか？」に続くのは，ウ「ぴったりです」が適当。　**No.2**　A「おはよう，ボブ。まあ，どうしたの？」→B「気分が悪くてお腹も痛いんだ」→A「それは大変。腹痛はいつ始まったの？」に続くのは，ア「今朝からだよ」が適当。　**No.3**　A「こんにちは。ハリーです。ジャックをお願いしたいのですが」→B「残念ですが，彼は今，家にいません。何か伝言はありますか？」→A「いいえ，結構です。彼は何時に帰宅しますか？」に続くのは，ウ「夜７時頃です」が適当。
No.4　A「ニック，何をしているの？」→B「コンピュータで絵を描いているんだ」→A「わあ，きれい！コンピュータで絵を描くことをどうやって習得したの？」に続くのは，ウ「兄が教えてくれたんだ」が適当。

(4)　【放送文の要約】参照。
No.1　質問「チカは以前，ミドリ公園でハイキングを楽しむイベントに参加したことがありますか？」…エミの３回目の発言より，イ「彼女は参加したことがない」が適当。　**No.2**　質問「マークはエミと姉（妹）に何を教えますか？」…エミの６回目の発言より，エ「花の英語の名前」が適当。　**No.3**　質問「ミドリ公園でハイキングを楽しむイベントは何時に始まりますか？」…エミの最後の発言より，エ「８時30分」が適当。イベントが始まる時間は，8時10分（電車が駅に着く時間）＋10分（公園までの時間）＋10分（イベントが始まるまでの時間）＝８時30分。

【放送文の要約】

エミ　：マーク，今度の週末に何か予定がある？
マーク：うん，今度の日曜日にミドリ公園でハイキングを楽しむイベントに参加する予定なんだ。
エミ　：あら，私も姉（妹）のチカとそれに参加する予定なの。一緒に行かない？
マーク：いいね。ありがとう。以前，そのイベントに参加したことはあるの？
エミ　：ええ。母と私は毎年参加するの。今年は母が参加できないけど，チカが一緒に来てくれるの。No.1 イチカは初参加よ。
マーク：僕も初参加だよ。僕は公園で興味深い花や木を見つけたいんだ。ほら見て。僕は母国でこれらの花の写真を撮ったんだよ。
エミ　：何てきれいなの！あなたはこれらの花の名前を知っているの？
マーク：うん。花に関する本から知ったよ。
エミ　：チカと私も花に関する本をよく読むのよ。イベントで，本で見た花を見つけたいと思っているの。
マーク：すてきだね！イベントで，僕に花の和名（日本語の名前）を教えてくれる？
エミ　：いいわ。じゃあ，No.2 エ私たちに花の英語の名前を教えてくれる？
マーク：No.2 エうん，もちろん。日曜日にどこで待ち合わせようか？
エミ　：７時 30 分にヤマナカ駅で待ち合わせましょう。７時 40 分発の電車に乗れるわ。
マーク：ＯＫ。その電車でイベントの前に公園に到着することができるの？
エミ　：大丈夫。No.3 エその電車は８時 10 分にミドリ公園駅に着いて，それに公園まで 10 分くらいよ。だから公園で，イベントが始まるまでまだ 10 分もあるわ。
マーク：なるほど。イベントが楽しみだな。

実践問題C

解答例

問1．１番…ア　２番…イ
問2．１番…ウ　２番…ア
問3．１番…ア　２番…エ　３番…ア
問4．１番…イ　２番…エ　３番…イ

解説

問１　１番　質問「テーブルの下にいるネコは何をしていますか？」…ア「眠っています」が適当。
２番　質問「ケンはいつテニスをするでしょうか？」…イ「彼は木曜日の午後５時にそれをします」が適当。

問２　１番　質問「彼らはどこで話していますか？」…A「こんにちは。お手伝いしましょうか？」→B「はい。時計を買いたいです」→A「こちらはいかがですか？この新作はとても人気があります」→B「素敵ですね。それにします」より，店員と客の会話だから，ウが適当。　２番　質問「タクヤの好きな教科は何ですか？」…タクヤ「ナオミ，理科は好き？」→ナオミ「いいえ，好きじゃないわ。私の好きな科目は数学と英語よ。あなたは，タクヤ？」→タクヤ「数学は好きじゃないよ。理科が１番好きだよ」→ナオミ「理科は私には難しすぎるわ」より，アが適当。

問３　１番　A「明日の天気はどうかしら？」→B「雨だよ」→A「そんなぁ。明日は運動会なの」の流れだから，ア「残念だね」が適当。　２番　A「すみません，助けていただけますか？」→B「はい」→A「どの電車が博多駅に行きますか？」の流れだから，エ「この電車です」が適当。　３番　A「こんばんは。今日は何になさいますか？」→B「チーズバーガーとオレンジジュースをお願いします」→A「他にはいかがですか？」の流れだから，ア「いいえ，結構です」が適当。

問４　【放送文の要約】参照。
１番　質問「ピーターは昨日何をしましたか？」
２番　質問「アメリカで一般的なボランティア活動とは何ですか？」　３番　質問「彼らは来月何をするでしょうか？」

【放送文の要約】

香代　：こんにちは，ピーター。１番イ昨日はボランティア活動をしたんですってね。何をしたの？
ピーター：やぁ，香代。うん，そうなんだ。１番イ家の近所の公園を清掃したよ。
香代　：ボランティア活動をしたのは初めて？
ピーター：いや，違うよ。アメリカでは何回もボランティア活動をしたよ。
香代　：アメリカでは何をしたの？
ピーター：２番エだいたいいつも品物を売っていたよ。これはとても人気のボランティア活動だよ。
香代　：もっと教えて。
ピーター：チャリティイベントだよ。お金を集めるためにジュースを売るんだよ。お金は必要としている人たちに寄付するんだ。
香代　：いいわね。私もそれをやってみたいわ。佐賀でやってみましょうか？
ピーター：うん。じゃあ，何をしようか？どうやってお金を集めようか？
香代　：３番イ人々が使わなくなった品物を集めるのはどう？来月チャリティイベントがあるの。それらの品物をチャリティイベントで売ることができるわ。お金を集めて人助けができるわ！家族や友達に頼んでみるね。力になってくれると思うわ。
ピーター：うん，そうして。

高校入試対策

英語リスニング練習問題

解　答　集

contents

※問題は別冊です

入試本番に向けて

入試本番までにしておくこと

入試本番までに志望校の過去問を使って出題パターンを把握しておこう。英語リスニング問題は学校ごとに出題傾向があります。受験する学校の出題パターンに慣れておくことが重要です。

リスニング開始直前のチェックポイント

音声が流れるまでに問題文全体にざっと目を通そう。それぞれの問題で話題となる場面や登場人物をチェックしておこう。

✓ イラストを check!

英語リスニング問題ではイラストやグラフが使われることが多くあります。イラストなら**共通点と相違点を見つけ**て，放送される事がらを予想しておこう。グラフなら**たて軸とよこ軸が何を表しているか**を見ておこう。

✓ 選択肢を check!

英文を選ぶ問題では，選択肢の登場人物，場所，日時などを事前に見つけ出して○やアンダーラインなどの“しるし”をつけておこう。また，選択肢の共通点と相違点を見つけて質問を予想しておこう。

✓ 数字表現を check!

英語リスニング問題で必ず出題されるのが数字表現です。問題に数を表したイラストや時間を表す単語などがあるときは，数字を意識して解く問題だと予想しておこう。あらかじめ，問題文の英単語を数字に置きかえてメモしておく（fifteen → 15）とよい。

リスニング本番中の心構え

✓ メモにとらわれない！

英語リスニング問題ではほとんどの場合，「放送中にメモを取ってもかまいません。」という案内があります。特に，長文を聴き取らなくてはならないときはメモは不可欠です。ただし，メモを取るときに注意すべきことがあります。それは，**メモを取ることに集中しすぎて音声を聴き逃さない**ことです。○やアンダーラインなど自分がわかる“しるし”をうまく活用して，「聴く」ことから気をそらさないようにしよう。

✓ 2回目は聴き方を変える！

放送文が1回しか読まれない入試問題もありますが，多くの場合は質問も含めて2回繰り返して読まれます。2回繰り返して読まれるときは，1回目と2回目で聴き方を変えます。1回目は状況や場面を意識し，（質問が先に放送される場合は，）2回目は質問に合う答えを出すことを意識しよう。1回目で答えがわかったときは，2回目は聴き違いがないか消去法を使って確実に聴き取ろう。

この解答集の特長と使い方

問題を解き終えたら，基本問題集（別冊）P1 ～ P2 の手順で答え合わせと復習をしよう。
解答集の左側のページにある QR コードを読み取ると，そのページの**さらに詳しい解説**を見ることができます。

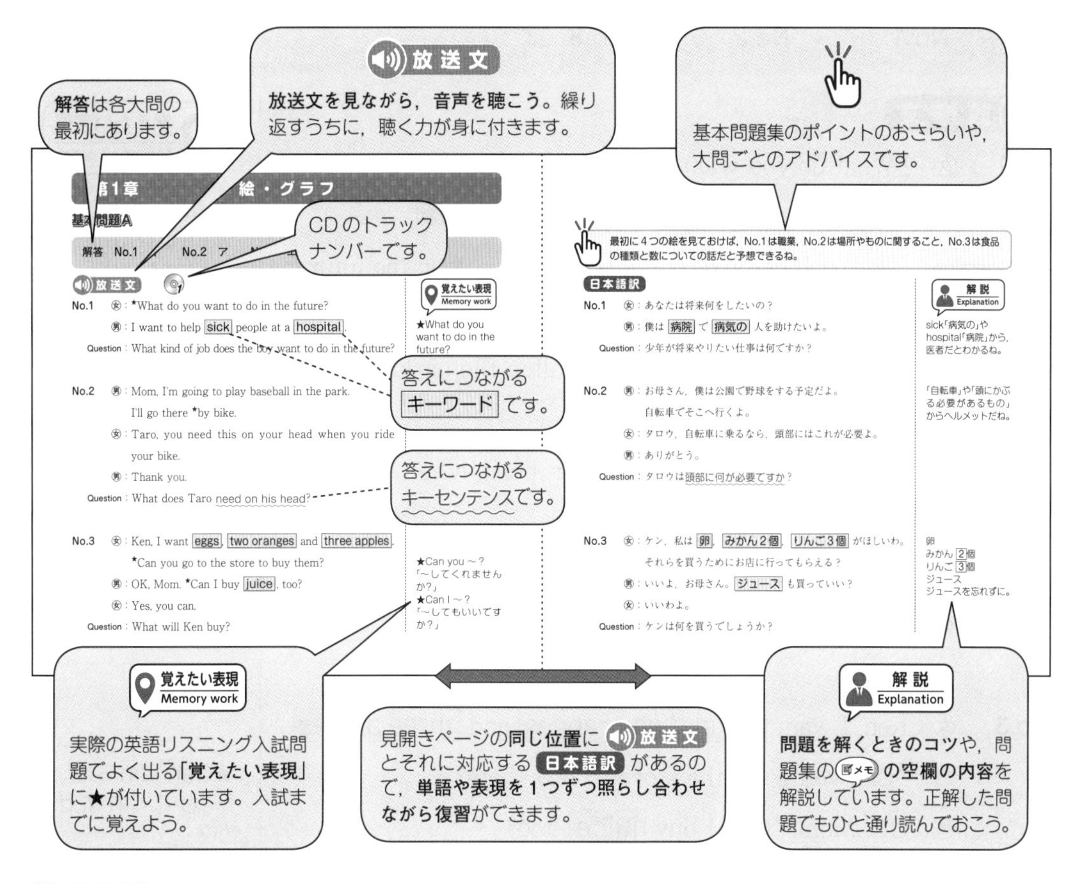

放送文
解答は各大問の最初にあります。
放送文を見ながら，音声を聴こう。繰り返すうちに，聴く力が身に付きます。
基本問題集のポイントのおさらいや，大問ごとのアドバイスです。
CDのトラックナンバーです。
答えにつながるキーワードです。
答えにつながるキーセンテンスです。
覚えたい表現 Memory work
実際の英語リスニング入試問題でよく出る「覚えたい表現」に★が付いています。入試までに覚えよう。
見開きページの同じ位置に放送文とそれに対応する日本語訳があるので，単語や表現を1つずつ照らし合わせながら復習ができます。
解説 Explanation
問題を解くときのコツや，問題集のメモの空欄の内容を解説しています。正解した問題でもひと通り読んでおこう。

覚えたい表現 Memory work まとめ （P37 ～ 38）

「**覚えたい表現**」をおさらいしておこう。
このページの QR コードを読み取ると，グループ分けした「**覚えたい表現**」を見ることができます。

聞き違いをしやすい表現 Easy to mistake （P39）

「**聞き違いをしやすい表現**」を知っておこう。
このページの音声はＣＤや教英出版ウェブサイトで聴くことができます。

もっと リスニング力 をつけるには

音声に合わせてシャドーイング（発音）してみよう！

正しい発音ができるようになると聴く力もぐんと上がります。まずは自分のペースで放送文を声に出して読んでみよう。次に音声に合わせて発音していこう。最初は聴こえたまま声に出し，慣れてきたら正しい発音を意識しよう。繰り返すうちに，おのずと正しい発音を聴き取る耳が鍛えられます。

音声を聴きながらディクテーション（書き取り）してみよう！

聴こえた英文を書き取る練習をしよう。何度も聴いて文が完成するまでトライしよう。聴き取れなかった単語や文がはっきりするので，弱点の克服につながります。また，英語を書く力も鍛えられます。

← さらに詳しい解説

第１章　絵・グラフ

基本問題A

解答　No.1　イ　　No.2　ア　　No.3　エ

放送文　1

No.1　㊛：★What do you want to do in the future?

㊚：I want to help sick people at a hospital.

Question：What kind of job does the boy want to do in the future?

No.2　㊚：Mom, I'm going to play baseball in the park.

I'll go there ★by bike.

㊛：Taro, you need this on your head when you ride your bike.

㊚：Thank you.

Question：What does Taro need on his head?

No.3　㊛：Ken, I want eggs, two oranges and three apples.

★Can you go to the store to buy them?

㊚：OK, Mom. ★Can I buy juice, too?

㊛：Yes, you can.

Question：What will Ken buy?

覚えたい表現 Memory work

★What do you want to do in the future?
「あなたは将来何をしたいですか？」

★by bike
「自転車で」

★Can you ～？
「～してくれませんか？」
★Can I ～？
「～してもいいですか？」

基本問題B

解答　No.1　ア　　No.2　イ　　No.3　ア　　No.4　イ

放送文

No.1　A man is ★looking at a clock on the wall.

Question：Which person is the man?

No.2　It was snowing this morning, so I couldn't go to school by bike. I ★had to walk.

Question：How did the boy go to school this morning?

★look at ～
「～を見る」

★have to ～
「～しなければならない」

最初に４つの絵を見ておけば，No.1は職業，No.2は場所やものに関すること，No.3は食品の種類と数についての話だと予想できるね。

日本語訳

No.1　㊛：あなたは将来何をしたいの？

㊚：僕は 病院 で 病気の 人を助けたいよ。

Question：少年が将来やりたい仕事は何ですか？

解説 Explanation

sick「病気の」やhospital「病院」から，医者だとわかるね。

No.2　㊚：お母さん，僕は公園で野球をする予定だよ。

自転車でそこへ行くよ。

㊛：タロウ，自転車に乗るなら，頭部にはこれが必要よ。

㊚：ありがとう。

Question：タロウは頭部に何が必要ですか？

「自転車」や「頭にかぶる必要があるもの」からヘルメットだね。

No.3　㊛：ケン，私は 卵，みかん２個，りんご３個 がほしいわ。

それらを買うためにお店に行ってもらえる？

㊚：いいよ，お母さん。ジュース も買っていい？

㊛：いいわよ。

Question：ケンは何を買うでしょうか？

卵
みかん 2 個
りんご 3 個
ジュース
ジュースを忘れずに。

４つの絵を見比べて，メモする内容を予想できたかな？ No.1は男性がしていること，No.2は天気と移動手段，No.3は少年の体調，No.4は時刻だね。

日本語訳

No.1　男性が 壁 の 時計 を見ています。

Question：その男性はどの人ですか？

clock「掛け時計／置き時計」より，アだね。

No.2　今朝は 雪が降って いたので，私は学校に自転車で行けませんでした。私は歩かなければなりませんでした。

Question：その少年は今朝，どうやって学校へ行きましたか？

“snowing”，“walk”が聞き取れれば，イとわかるね。

← さらに詳しい解説

No.3　㊛：★What's the matter?
㊚：Well, I've had a stomachache since this morning. I didn't have it ★last night.
㊛：That's too bad. Are you all right?
Question：When did the boy have a stomachache?

No.4　㊛：Good morning, Kanta. Did you sleep well last night?
㊚：Yes, Judy. I ★went to bed at eleven last night and ★got up at seven this morning.
㊛：Good. I could only sleep ★for six hours.
Question：What time did Kanta get up this morning?

覚えたい表現 Memory work
★What's the matter?「どうしたの？」
★last night「昨夜」
★go to bed「寝る」
★get up「起きる」
★for ～（期間を表す言葉）「～の間」

練習問題A

解答　No.1　ア　　No.2　エ　　No.3　ア　　No.4　ウ

放送文 

No.1　㊛：Ah, I hope it will ★stop raining soon.
㊚：It was sunny yesterday.
㊛：Yes. But the TV says we will have snow this afternoon.
㊚：Really? ★How about tomorrow?
㊛：It will be cloudy.
Question：How will the weather be tomorrow?

No.2　㊚：★Thank you for giving me a birthday present, Mary. I like the bag very much.
㊛：I'm happy you like it, Kenta. Oh, you're wearing a nice T-shirt today.
㊚：This is a birthday present from my sister. And my mother made a birthday cake ★for me.
㊛：Great. But you wanted a computer, right?
㊚：Yes, I got one from my father!
Question：What did Kenta get from his father?

★stop ～ing「～することをやめる」
★How about ～？「～はどうですか？」
★Thank you for ～ing.「～してくれてありがとう」
★for ～(対象を表す言葉)「～のために」

No.3 ㊛：どうしたの？

㊚：うーん，今朝からずっとお腹が痛いんです。

昨夜は痛くなかったのですが。

㊛：それは大変ね。大丈夫？

Question：少年はいつお腹が痛かったですか？

昨夜
お腹が痛くない。
今朝
お腹が痛い。

No.4 ㊛：おはよう，カンタ。昨夜はよく眠れた？

㊚：うん，ジュディ。昨夜は11時に寝て，今朝は７時に起きたよ。

㊛：いいね。私は６時間しか眠れなかったわ。

Question：カンタは今朝何時に起きましたか？

質問に
this morning「今朝」
とあるから起きた時刻の午前７時だね。

No.1は天気，No.2は誕生日プレゼント，No.3は時刻，No.4はクラスのアンケート結果についてメモしよう。No.3は計算が必要だね。

日本語訳

No.1 ㊛：ああ，すぐに雨が止んでほしいわ。

㊚：昨日は晴れていたのに。

㊛：ええ。でもテレビによると，今日の午後は雪らしいわ。

㊚：本当に？明日はどう？

㊛：くもりらしいわ。

Question：明日の天気はどうですか？

昨日：晴れ
現在：雨
今日午後：雪
明日：くもり
質問はtomorrow「明日」だからくもりだね。

No.2 ㊚：誕生日プレゼントをありがとう，メアリー。

バッグをとても気に入ったよ。

㊛：気に入ってくれてよかったわ，ケンタ。

あら，今日は素敵なＴシャツを着ているわね。

㊚：これは姉(妹)からの誕生日プレゼントなんだ。

母も僕のために誕生日ケーキを作ってくれたんだ。

㊛：すてき。でもあなたはパソコンがほしかったんでしょ？

㊚：そうだよ，父からもらったよ！

Question：ケンタは父から何をもらいましたか？

メアリー：バッグ
姉(妹)：Tシャツ
母：誕生日ケーキ
父：パソコン
質問はfather「父」からもらったものだから，パソコンだね。

  ← さらに詳しい解説

No.3　㊛：The movie will start at 11:00.
★What time shall we meet tomorrow, Daiki?
㊚：How about meeting at the station at 10:30, Nancy?
㊛：Well, I want to go to a bookstore with you before the movie starts. Can we meet earlier?
㊚：All right. Let's meet at the station fifty minutes before the movie starts.
㊛：OK. See you tomorrow!
Question：What time will Daiki and Nancy meet at the station?

覚えたい表現 Memory work

★What time shall we meet?
「何時に待ち合わせようか？」

No.4　㊛：Tsubasa, look at this!
We can see the most popular sports in each class.
㊚：Soccer is ★the most popular in my class, Mary.
㊛：Soccer is popular in my class, too.
But volleyball is more popular.
㊚：I see. And many of my classmates want to play softball.
I want to try it, too!
㊛：Really? ★No students in my class want to play softball.
Question：Which is Mary's class?

★the＋最上級＋in＋○○
「○○の中で最も…」

★no＋人
「(人)が1人もいない」

練習問題B

解答　No.1　ア　　No.2　ウ　　No.3　ア　　No.4　ウ

No.1　㊛：Kota, what a nice room!
㊚：Thank you! Do you know what this is, Judy?
㊛：No. ★I've never seen it before. Is it a table?
㊚：Yes, but this is not just a table.
This also ★keeps us warm in winter.
Question：What are they talking about?

★I've never ～.
「私は一度も～したことがない」

★keep＋人／もの＋状態「(人／もの)を(状態)に保つ」

No.3　㊛：映画は11時に始まるわ。
明日は何時に待ち合わせようか，ダイキ？
㊚：10時半に駅で待ち合わせるのはどう，ナンシー？
㊛：そうねぇ，私は映画が始まる前にあなたと書店に行きたいわ。
もっと早く待ち合わせできる？
㊚：いいよ。映画が始まる50分前に駅で会おう。
㊛：わかったわ。また明日ね！
Question：ダイキとナンシーは何時に駅で待ち合わせますか？

解説 Explanation

11時に映画が始まる。その50分前に待ち合わせるから，**ア**の「10時10分」だね。fifty「50」は前にアクセント，fifteen「15」は後ろにアクセントがあるよ。

No.4　㊛：ツバサ，これを見て！
それぞれのクラスで１番人気のあるスポーツがわかるわ。
㊚：僕のクラスではサッカーが１番人気だね，メアリー。
㊛：サッカーは私のクラスでも人気よ。
でも，バレーボールの方がもっと人気だわ。
㊚：そうだね。それから，僕のクラスメートの多くはソフトボールをやりたいようだよ。僕もやってみたいな！
㊛：本当？私のクラスではソフトボールをやりたい生徒はいないわ。
Question：メアリーのクラスはどれですか？

ツバサのクラス：
サッカーが１位
ソフトボールが人気

メアリーのクラス：
サッカーよりバレーボールが人気
ソフトボールが０人

グラフの問題の音声を聞くときは，１番多い(少ない)もの，増加，減少などをメモしよう。消去法も有効だよ。

日本語訳

No.1　㊛：コウタ，何て素敵な部屋なの！
㊚：ありがとう！これは何か知ってる，ジュディ？
㊛：いいえ。一度も見たことがないわ。テーブルかしら？
㊚：そうだよ，でもこれはただのテーブルではないんだ。
これは冬に僕らを温めてもくれるんだ。
Question：彼らは何について話していますか？

ただのテーブルではなく，温めてくれるもの→「こたつ」だね。

No.2　㊚：Kate, this is a picture of our music band.
We played some songs at the ★school festival this year.
It was a wonderful time for us!
㊛：You ★look excited, Hiroshi.
Who is the student playing the guitar ★next to you?
㊚：He is Ryosuke. He plays the guitar well, and the other student playing the guitar is Taro.
㊛：I see. The student playing the drums is Takuya, right?
★I hear he ★is good at singing, too.
Question：Which boy is Hiroshi?

No.3　It was interesting to know what activity you enjoyed the best in my English class.
I ★was glad to know that ★over ten students chose ★making speeches. Eight students chose reading stories, and ★the same number of students chose writing diaries.
Maybe you can guess the most popular activity among you. It was listening to English songs.
I hope you will ★keep enjoying English.
Question：Which graph is the speaker explaining?

No.4　Look at the graph.
This is a graph of the number of visitors to the art museum which was built in 2014 in our city.
The number kept ★going up until 2016.
But the next year, it ★went down 20%.
The numbers in 2017 and 2018 were the same.
Question：Which graph is the speaker explaining?

★school festival「学園祭」
★look ～「～のように見える」
★next to ～「～のとなりに」
★I hear (that) ～.「～だそうだ」
★be good at ～ing「～することが得意だ」
★be glad to ～「～してうれしい」
★over ～「～以上」
★make a speech「スピーチをする」
★the number of ～「～の数」
★keep ～ing「～し続ける」
★go up「増加する」
★go down「減少する」

No.2　㊚：ケイト，これは僕らの音楽バンドの写真だよ。
僕らは今年学園祭で何曲か演奏したんだ。
僕らにとってすばらしい時間だったよ！
㊛：興奮しているようね，ヒロシ。
あなたのとなりでギターを弾いているのは誰？
㊚：彼はリョウスケだよ。彼はギターが上手なんだ，そしてもう１人，ギターを弾いているのがタロウだよ。
㊛：そうなの。ドラムをたたいているのはタクヤね？
彼は歌も上手だそうね。
Question：どの少年がヒロシですか？

ギター：
リョウスケとタロウ
ドラム：タクヤ
ヒロシはリョウスケのとなりにいる**ウ**だね。

No.3　私の英語の授業の中で，みなさんが何の活動を一番楽しんだかがわかって興味深かったです。
私は，10人以上の生徒がスピーチをすることを選んでくれたと知って，うれしく思いました。８人の生徒が物語を読むことを選び，同じ人数の生徒が日記を書くことを選びました。
みなさんのあいだで一番人気があったものはたぶん想像がつくと思います。
英語の歌を聞くことでした。
これからもずっと英語を楽しんでほしいです。
Question：話し手が説明しているのはどのグラフですか？

音声を聞く前にグラフの項目名を見ておこう。
スピーチ：10人以上
物語：８人
日記：物語と同じ人数
英語の歌：最も人気
これらの情報から**ア**を選べるね。

No.4　グラフを見て下さい。
これは，2014年に私たちの市に建てられた美術館の，来場者数のグラフです。
その数は2016年まで増加し続けました。
しかし，次の年に20％減少しました。
2017年と2018年は同数でした。
Question：話し手が説明しているのはどのグラフですか？

増減に着目しよう。
「2016年まで増加」
「2017年と2018年は同数」より，**ウ**だね。

← さらに詳しい解説

第２章　次の一言

基本問題

解答　No.1　イ　　No.2　ウ　　No.3　イ　　No.4　ア

放送文　5

No.1
㊛：★Have you ever been to a foreign country?
㊚：Yes. I went to Australia last year.
㊛：Oh, I see. How long did you stay there?

ア　By plane.　㋑　**For six days.**　ウ　With my family.

No.2
㊛：★May I help you?
㊚：Yes, I'm ★looking for a blue jacket.
㊛：How about this one?

ア　Here you are.　イ　I'm just looking.　㋒　**It's too expensive for me.**

No.3
㊛：★What are you going to do this weekend?
㊚：I'm going to ★go fishing in the sea with my father if it's sunny.
㊛：Really? That will be fun.

ア　Sorry, I'm busy.　㋑　**I hope the weather will be nice.**
ウ　Nice to meet you.

No.4
㊛：Hello.
㊚：Hello, this is Mike. ★May I speak to Yoko?
㊛：I'm sorry. She isn't at home now.

㋐　**OK. I'll call again later.**　イ　Shall I take a message?
ウ　Hello, Yoko. How are you?

覚えたい表現 Memory work

★Have you ever been to ～?
「～に行ったことがありますか？」

★May I help you?
「お手伝いしましょうか？／いらっしゃいませ」
★look for ～
「～を探す」

★What are you going to do?
「何をするつもりですか？」
★go fishing
「釣りに行く」

★May I speak to ～?
「（電話で）～さんをお願いできますか？」

最後の英文をメモできたかな。質問ならばそれに合う答えを選び，質問でなければ，話の流れから考えよう。消去法も有効だよ。

日本語訳

No.1 ㊛：外国に行ったことはある？

㊚：うん。去年，オーストラリアに行ったよ。

㊛：あら，そうなの。そこにはどれくらい滞在したの？

ア 飛行機だよ。 ㋑ **6日間だよ。** ウ 家族と一緒にだよ。

最後の英文
How long ～？
「(期間をきいて)どれくらい～？」より，返答はFor ～.
「～間です」だね。

No.2 ㊛：お手伝いしましょうか？

㊚：はい，青いジャケットを探しています。

㊛：こちらはいかがですか？

ア はい，どうぞ。 イ 見ているだけです。 ㋒ **私には値段が高すぎます。**

最後の英文
How about this one?
「こちらはいかがですか？」より，返答は**ウ**だね。

No.3 ㊛：この週末は何をするつもりなの？

㊚：晴れたら，父と海に釣りに行くつもりだよ。

㊛：本当に？それは楽しそうね。

ア ごめん，僕は忙しいんだ。 ㋑ **天気が良いことを願うよ。**
ウ 会えてうれしいよ。

最後の英文が質問ではない。その前に「晴れたら…」と言っているので，話の流れから**イ**だね。

No.4 ㊛：もしもし。

㊚：もしもし，マイクです。ヨウコさんをお願いできますか？

㊛：ごめんね。彼女は今家にいないわ。

㋐ **わかりました。あとでかけ直します。** イ 伝言を預かりましょうか？
ウ やあ，ヨウコ。元気？

電話で相手が不在だった場合，電話をかけた側がよく使う表現を選ぶよ。ふさわしいのは**ア**だね。

  ← さらに詳しい解説

練習問題

解答　No.1　エ　　No.2　ウ　　No.3　イ　　No.4　ア

放送文　6

No.1　男：Hello?

女：This is Natsuki. May I speak to Jim, please?

男：I'm sorry, but ★you have the wrong number.

ア　I don't know your phone number.
イ　I see. Do you want to leave a message?
ウ　Can you ask him to call me?
㊁ **I'm so sorry.**

No.2　男：Have you finished cooking?

女：No. ★I've just washed the tomatoes and carrots.

男：OK. Can I help you?

ア　Sorry. I haven't washed the tomatoes yet.
イ　I don't think so. Please help me.
㋒ **Thanks. Please cut these carrots.**
エ　All right. I can't help you.

No.3　女：It's so hot today. Let's have something to drink.

男：Sure. I know a good shop. It ★is famous for fruit juice.

女：Really? ★How long does it take to get there from here by bike?

ア　Ten o'clock in the morning.　㋑ **Only a few minutes.**
ウ　Four days a week.　エ　Every Saturday.

No.4　男：Whose notebook is this? ★There's no name on it.

女：Sorry, Mr. Jones. It's mine.

男：Oh, Ellen. You should write your name on your notebook.

㋐ **Sure. I'll do it now.**　イ　No. I've never sent him a letter.
ウ　Yes. You found my name on it.　エ　Of course. I finished my homework.

覚えたい表現 Memory work

★You have the wrong number.
「番号が違っています」

★I've just＋過去分詞.
「ちょうど～したところだ」

★be famous for ～
「～で有名である」
★How long does it take to ～?
「～するのにどれくらい時間がかかりますか？」

★There is no ～.
「～がない」

最後の英文を聞き取って，メモできたかな？質問や提案に対する受け答えを注意深く選ぼう。

日本語訳

No.1　㊚：もしもし？

㊛：ナツキです。ジムさんをお願いできますか？

㊚：すみませんが，番号が違っています。

ア　私はあなたの電話番号を知りません。
イ　わかりました。伝言を残したいですか？
ウ　私に電話するよう彼に伝えてくれますか？
㊣エ　**失礼しました。**

No.2　㊚：料理は終わった？

㊛：いいえ。ちょうどトマトとニンジンを洗ったところよ。

㊚：よし，手伝おうか？

ア　ごめん。私はまだトマトを洗い終えていないの。
イ　そうは思わないわ。私を手伝って。
㊣ウ　**ありがとう。ニンジンを切って。**
エ　わかったわ。私は手伝えないわ。

No.3　㊛：今日はとても暑いわ。何か飲みましょう。

㊚：いいね。いい店を知っているよ。フルーツジュースで有名なんだ。

㊛：本当に？自転車でそこに行くのにどれくらい時間がかかるの？

ア　午前10時だよ。　㊣イ　**ほんの数分だよ。**
ウ　週に４日だよ。　エ　毎週土曜日だよ。

No.4　㊚：これは誰のノートかな？名前が書いてないな。

㊛：すみません，ジョーンズ先生。私のです。

㊚：おお，エレン。ノートには自分の名前を書いておくべきだよ。

㊣ア　**わかりました。すぐにそうします。**
イ　いいえ。彼に手紙を送ったことはありません。
ウ　はい。あなたはそこに私の名前を見つけましたよね。
エ　もちろんです。私は宿題を終えました。

男性の「番号が違っています」に対して，**エ**「失礼しました」以外は不適切だね。

男性の提案「手伝おうか？」に対して，**ウ**「ありがとう。ニンジンを切って」以外は不適切だね。

How long does it take to ～?「～するのにどれくらい時間がかかりますか？」に対して，**イ** Only a few minutes.「ほんの数分」以外は不適切だね。

先生から「ノートには自分の名前を書いておくべきだよ」と言われたことに対して，**ア**「わかりました。すぐにそうします」以外は不適切だね。

← さらに詳しい解説

第３章　対話や英文と質問(１つ)

基本問題

解答　No.1　エ　　No.2　ア　　No.3　ウ

覚えたい表現 Memory work

No.1　Mike finished his homework.

He was very hungry.

His mother said, "Dinner ★is ready.

Please ★tell Dad to come to the dining room."

So he went to his father.

Question：What is Mike's mother going to do?

ア She is going to do Mike's homework with her husband.
イ She is going to cook dinner in the dining room.
ウ She is going to go to the dining room with Mike.
㊁ **She is going to eat dinner with her husband and Mike.**

★be ready
「準備ができている」
★tell＋人＋to～
「(人)に～するように言う」

No.2　㊛：Tom, how's the pizza?

㊚：It's delicious, Lisa. I like your pizza very much.

㊛：Thank you. ★Would you like some more?

Question：What will Tom say next?

㋐ **Yes, please. I want more.**　イ Help yourself, Lisa.
ウ I'm sorry. I can't cook well.　エ Of course. You can take it.

★Would you like some more?
「もう少しいかが？」
(食べ物などを勧めるときの表現)

No.3　㊛：I want this black pen. ★How much is it?

㊚：Now we're having a sale. It's 1,500 yen this week.

㊛：I'll take it. It's a birthday present for my father.

Question：Where are they?

ア They are in the nurse's office.　イ They are in the library.
㋒ **They are at a stationery shop.**　エ They are at a birthday party.

★How much ～？
「～はいくらですか？」

選択肢を読み比べておくと，誰の何について質問されるかをある程度予想できるよ。対話を聞きながら，人の名前や行動などをメモしよう。

日本語訳

No.1　マイクは宿題を終えました。

彼はとてもお腹がすいていました。

母親が言いました。「夕食の準備ができたわ。

お父さんにダイニングに来るように言って」

それで彼は父親のところに行きました。

Question：マイクの母親は何をするつもりですか？

ア　彼女は夫と一緒にマイクの宿題をするつもりです。
イ　彼女はダイニングで夕食を作るつもりです。
ウ　彼女はマイクとダイニングに行くつもりです。
㊁　彼女は夫とマイクと一緒に夕食を食べるつもりです。

No.2　㊛：トム，ピザはどう？

㊚：おいしいよ，リサ。僕は君のピザが大好きだよ。

㊛：ありがとう。もう少しいかが？

Question：トムは次に何を言うでしょうか？

㋐　うん，お願い。もっとほしい。　イ　自由に取ってね，リサ。
ウ　ごめん。うまく料理できないんだ。　エ　もちろん。取っていいよ。

No.3　㊛：私はこの 黒いペン を買いたいです。おいくらですか？

㊚：ただいまセール中です。今週は1500円です。

㊛：それをいただきます。父への誕生日プレゼントなんです。

Question：彼らはどこにいますか？

ア　彼らは保健室にいます。　イ　彼らは図書館にいます。
㋒　彼らは文具店にいます。　エ　彼らは誕生日会にいます。

マイク：宿題が終わった。おなかがすいた。父親を呼びに行く。
母親：夕食の準備ができた。
つまり，これから3人で夕食を食べるので，**エ**だね。

リサがトムに「もう少しいかが？」と勧めているので，**ア**だね。

黒いペンを売っている店だから，**ウ**の stationery shop「文具店」だね。

← さらに詳しい解説

練習問題

解答　No.1　ア　　No.2　イ　　No.3　ア　　No.4　イ

放送文 

No.1
男：I'm going to buy a birthday present for my sister. Lisa, can you go with me?
女：Sure, Ken.
男：★Are you free tomorrow?
女：Sorry, I can't go tomorrow. When is her birthday?
男：Next Monday. Then, how about this Saturday or Sunday?
女：Saturday is fine with me.
男：Thank you.
女：What time and where shall we meet?
男：How about at eleven at the station?
女：OK. See you then.
Question：When are Ken and Lisa going to buy a birthday present for his sister?

㋐ **This Saturday.**　イ This Sunday.　ウ Tomorrow.　エ Next Monday.

★Are you free?
「(時間が)空いている？」

No.2
女：Hello?
男：Hello. This is Tom. Can I speak to Eita, please?
女：Hi, Tom. I'm sorry, he ★is out now.
Do you ★want him to call you later?
男：Thank you, but I have to go out now. ★Can I leave a message?
女：Sure.
男：Tomorrow we are going to do our homework at my house. ★Could you ask him to bring his math notebook?
I have some questions to ask him.
女：OK, I will.
Question：What does Tom want Eita to do?

ア To do Tom's homework.　㋑ **To bring Eita's math notebook.**
ウ To call Tom later.　エ To leave a message.

★be out
「外出している」
★want＋人＋to ～
「(人)に～してほしい」
★Can I leave a message?
「伝言をお願いできますか?」

★Could you ～?
「～していただけませんか？」

音声を聞く前に選択肢を読み比べて，質問される人や内容を考えておこう。対話が長いので，ポイントをしぼってメモをとろう。

日本語訳

No.1

㊚：姉(妹)の誕生日プレゼントを買おうと思っているんだ。リサ，一緒に来てくれない？

㊛：いいわよ，ケン。

㊚：明日は空いてる？

㊛：ごめんね，明日は行けないわ。彼女の誕生日はいつ？

㊚：次の月曜日だよ。じゃあ，この土曜日か日曜日はどう？

㊛：土曜日は都合がいいわ。

㊚：ありがとう。

㊛：何時にどこで待ち合わせる？

㊚：11時に駅でどうかな？

㊛：ええ。じゃあそのときね。

Question：ケンとリサはいつ彼の姉(妹)の誕生日プレゼントを買うつもりですか？

㋐ この土曜日。　イ　この日曜日。　ウ　明日。　エ　次の月曜日。

選択肢より，曜日に注意してメモをとろう。This Saturday.「この土曜日」の**ア**だね。

No.2

㊛：もしもし？

㊚：もしもし。トムです。英太さんをお願いできますか？

㊛：こんにちは，トム。ごめんね，彼は今外出しているわ。あとでかけ直すようにしましょうか？

㊚：ありがとうございます，でもすぐに外出しないといけないんです。伝言をお願いできますか？

㊛：いいわよ。

㊚：明日，僕の家で一緒に宿題をすることになっています。数学のノートを持ってくるよう彼に頼んでいただけませんか？彼にいくつか尋ねたいことがあるんです。

㊛：わかったわ，伝えておくわね。

Question：トムが英太にしてほしいことは何ですか？

ア　トムの宿題をすること。　**㋑ 数学のノートを持ってくること。**
ウ　あとでトムに電話すること。　エ　伝言を残すこと。

選択肢より，英太がトムに対してすること(トムが英太にしてほしいこと)を選ぼう。トムは3回目の発言で**イ**の内容の伝言を伝えたんだね。

← さらに詳しい解説

No.3

㊛：Hi, Mike. ★What kind of book are you reading?

㊚：Hi, Rio. It's about *ukiyoe* pictures. I learned about them last week.

㊛：I see. You can see *ukiyoe* in the city art museum now.

㊚：Really? I want to visit there.
In my country, there are some museums that have *ukiyoe*, too.

㊛：Oh, really? I ★am **surprised** to hear that.

㊚：I have been there to see *ukiyoe* once.
I want to see them in Japan, too.

㊛：I went to the city art museum last weekend.
It was very interesting. You should go there.

Question：Why was Rio surprised?

- ㋐ **Because Mike said some museums in his country had *ukiyoe*.**
- イ Because Mike learned about *ukiyoe* last weekend.
- ウ Because Mike went to the city art museum in Japan last weekend.
- エ Because Mike didn't see *ukiyoe* in his country.

★What kind of ～?
「どんな種類の～？」

★be surprised to ～
「～して驚く」

No.4

㊛：Hello, Hiroshi. How was your holiday?

㊚：It was great, Lisa. I went to Kenroku-en in Kanazawa. It is a beautiful Japanese garden.

㊛：How did you go there?

㊚：I took a train to Kanazawa from Toyama.
Then I wanted to take a bus from Kanazawa Station, but there were many people. So I ★decided to walk.

㊛：Oh, really? How long did it take ★from the station to Kenroku-en?

㊚：About 25 minutes. I saw many people from other countries.

㊛：I see. Kanazawa is an ★international city.

Question：Which is true?

- ア It took about 25 minutes from Toyama to Kanazawa.
- ㋑ **Hiroshi walked from Kanazawa Station to Kenroku-en.**
- ウ Hiroshi went to many countries during his holiday.
- エ Hiroshi took a bus in Kanazawa.

★decide to ～
「～することに決める／決心する」

★from A to B
「AからBまで」

★international
「国際的な」

No.3 ㊛：こんにちは，マイク。どんな本を読んでいるの？

㊚：やあ，リオ。浮世絵についての本だよ。先週それらについて学んだんだ。

㊛：そうなの。今，市立美術館で浮世絵を見ることができるよ。

㊚：本当に？そこに行きたいな。

僕の国にも，浮世絵のある美術館があるよ。

㊛：え，本当に？それを聞いて **驚いた** わ。

㊚：僕は一度そこに浮世絵を見に行ったことがあるよ。

日本でも見たいな。

㊛：先週末，市立美術館に行ったの。

とても面白かったわ。あなたも行くべきよ。

Question：なぜリオは驚きましたか？

㋐	**マイクが彼の国の美術館に浮世絵があると言ったから。**
イ	マイクが先週末に浮世絵について学んだから。
ウ	マイクが先週末に日本の市立美術館に行ったから。
エ	マイクが彼の国で浮世絵を見なかったから。

選択肢が全て Because Mike ～. マイクが言ったことは

- 浮世絵についての本を読んでいる。
- 浮世絵のある美術館が自国にもある。
- 自国の美術館に浮世絵を見に行ったことがある。
- 日本でも浮世絵を見たい。

質問は「リサが驚いた理由」だから，**ア**だね。

No.4 ㊛：こんにちは，ヒロシ。休みはどうだった？

㊚：すばらしかったよ，リサ。金沢の兼六園に行ったよ。

美しい日本庭園だよ。

㊛：そこにはどうやって行ったの？

㊚：富山から金沢まで電車に乗ったよ。

そして金沢駅からはバスに乗りたかったけれど，とてもたくさんの人がいたんだ。それで僕は歩くことにしたよ。

㊛：まあ，本当？駅から兼六園までどれくらい時間がかかったの？

㊚：約25分だよ。外国から来たたくさんの人を見たよ。

㊛：なるほど。金沢は国際都市ね。

Question：どれが正しいですか？

ア	富山から金沢まで約25分かかった。
㋑	**ヒロシは金沢駅から兼六園まで歩いた。**
ウ	ヒロシは休みの間にたくさんの国に行った。
エ	ヒロシは金沢でバスに乗った。

選択肢から以下のキーワードにしぼって，音声の同様の単語に注意しよう。

ア 25 minutes
イ walk
ウ many countries
エ bus

アはヒロシの3回目，**イ**，**エ**は2回目の発言にあるけど，**ウ**は音声にはないね。ヒロシは金沢駅から兼六園まで歩いたので，**イ**だね。

← さらに詳しい解説

第４章　語句を入れる

基本問題

解答　No.1　（ア）土　（イ）２時 30 分　（ウ）青

No.2　（ア）博物館〔別解〕美術館　（イ）150　（ウ）生活〔別解〕暮ら

放送文 

No.1　㊛：David, the festival will ★be held ア **from Friday to Sunday**, right?

㊚：Yes, Kyoko. I'm going to join the dance event at the music hall ア ★**on the second day**.

㊛：That's great!　Can I join, too?

㊚：Sure. It will start at イ **three** in the afternoon.
Let's meet there イ **30 minutes before that**.
We will wear ウ **blue T-shirts** when we dance.
Do you have one?

㊛：Yes, I do. I'll bring it.

★be held「開催される」

★on the second day「2日目に」

No.2　㊚：What is this building, Kate? It looks very old.

㊛：This is a ア **museum**, Eita.
It was built about イ **150** years ago and used as a school.

㊚：What can we see here?

㊛：You can see how people ウ **lived** ★a long time ago.
★Shall we go inside now?

㊚：OK. Let's go.

★a long time ago「昔」

★Shall we ～？「(一緒に)～しましょうか？」

音声を聞く前に空欄を見て，どのような語句が入るか予想しよう。数を聞き取る問題は，アクセントに注意しよう。

日本語訳

No.1

㊛：デイビッド，お祭りは ア 金曜日から日曜日まで 開催されるのよね？

㊚：そうだよ，教子。僕は ア 2日目に 音楽ホールで行われるダンスイベントに参加する予定だよ。

㊛：いいわね！私も参加していい？

㊚：いいよ。それは午後 イ 3時 に始まるよ。
イ 30分前（＝午後２時30分）に現地で待ち合わせしよう。
僕らはダンスをするときに ウ 青いTシャツ を着るんだ。
持っている？

㊛：ええ，持っているわ。それを持っていくね。

お祭り：
金曜日～日曜日
ダンスイベント：
2日目
開始時刻：午後3時
集合時刻：30分前
Tシャツの色：青色

No.2

㊚：この建物は何だろう，ケイト？とても古そうだね。

㊛：これは ア 博物館 よ，英太。
約 イ 150 年前に建てられて，学校として使われたの。

㊚：ここでは何を見ることができるの？

㊛：昔の人々がどのように ウ 生活していた かを見られるわ。
では中に入りましょうか？

㊚：うん。行こう。

ア
museum「博物館／美術館」を聞き取ろう。

イ
one hundred and fifty（＝150）
fiftyのアクセントに注意。fíftyのアクセントは前にあるよ。

ウ
how以下が間接疑問。lived「生活していた」を聞き取ろう。

← さらに詳しい解説

練習問題

解答　No.1 (ア) Sunday (イ) 11 (in the morning)　No.2 (ア) learn (イ) Thursday

放送文 

No.1

㊚：Hi, Lisa. This is Mike. How's everything?

㊛：Great, thanks. ★What's up?

㊚：My brother is coming to Fukuoka next Friday and will stay here for three weeks.
How about going to a ramen shop together?
He has wanted to eat ramen in Fukuoka ★for a long time.

㊛：Oh, there's a good ramen shop near my house.
Let's go there.

㊚：That's great. He will be glad to hear that.
When and where shall we meet?

㊛：Can you come to my house at イ eleven in the morning next Saturday?
Then we can walk to the ramen shop together.

㊚：I'm sorry, I can't. I'm busy until three in the afternoon that day.
How about ★イ the same time next ア Sunday?

㊛：All right. Can I ★invite my friend Nancy?

㊚：Sure. See you then. Bye.

No.2

㊚：Thank you for coming to our concert today, Aya.
How was it?

㊛：Wonderful! Everyone was great. You especially played the violin very well, James. I really enjoyed the concert.

㊚：I'm glad to hear that.

㊛：I want to play the violin, too. ア Can you teach me ★how to play it?

㊚：ア Sure. イ I'm free every Thursday.
Please come to my house and we can practice together.

㊛：That's nice! Can I visit you next イ Thursday?

㊚：Of course.

★What's up?
「どうしたの？」

★for a long time
「長い間／ずっと」

★the same time
「同じ時間」

★invite ～
「～を招く／誘う」

★how to ～
「～する方法」

音声で流れない語句を答えなくてはならない場合もあるよ。そのようなときは，前後の内容から考えて語句を導き出そう。

日本語訳

No.1

男：もしもし，リサ。マイクだよ。元気？

女：元気よ。どうしたの？

男：兄(弟)が今度の金曜日に福岡に来て，３週間いるんだ。
一緒にラーメン屋に行かない？
兄(弟)がずっと福岡のラーメンを食べたいって言っててさ。

女：それなら家の近くにおいしいラーメン屋があるわよ。
そこに行こうよ。

男：やったあ。兄(弟)もそれを聞いたら喜ぶよ。
いつどこで待ち合わせをしようか？

女：今度の土曜日，ィ**午前11時**に私の家に来られる？
歩いて一緒にラーメン屋まで行けるわ。

男：ごめん，無理だ。その日は午後３時まで忙しいんだ。
今度のァ**日曜日**のィ**同じ時間**はどう？

女：いいわよ。友達のナンシーも誘っていい？

男：もちろんだよ。じゃあそのときね。バイバイ。

ラーメン屋に行く曜日と時間を答える問題だね。
リサ：土曜日午前11時を提案。
マイク：日曜日の同じ時間を提案。

No.2

男：今日はコンサートに来てくれてありがとう，アヤ。どうだった？

女：素敵だったわ！みんな上手だった。特にあなたはバイオリンをとても上手に演奏していたね，ジェームス。
本当にいいコンサートだったわ。

男：それを聞いてうれしいよ。

女：私もバイオリンを弾いてみたいわ。ァ弾き方を教えてくれない？

男：ァいいよ。ィ毎週木曜日は時間があるよ。
僕の家においでよ，それなら一緒に練習できるよ。

女：ありがとう！次のィ**木曜日**に行ってもいい？

男：もちろんだよ。

ア
ジェームスはアヤにバイオリンを教える＝アヤはジェームスからバイオリンを学ぶ。learn「学ぶ」が適切だよ。音声で流れない単語を書く難問だね。practice を入れると後ろのfrom youと合わないから不適切だね。

イ
Thursday「木曜日」を聞き取ろう。

  ⬅さらに詳しい解説

第５章　対話と質問(複数)

基本問題

解答　No.1　イ　No.2　ア　No.3　イ　No. 4　ア

放送文  11

㊚：Hello, Ms. Brown.

㊛：Hi, Kenji. You don't look well today. ★What happened?

㊚：Last week we had a basketball game.
I was ★so nervous that I couldn't play well.
No.1 イ Finally, our team lost the game.

㊛：Oh, I understand how you feel.
I played basketball for ten years in America.
I felt nervous during games, too.

㊚：Oh, did you? No.2 ア I always ★feel sorry for my friends in my team when I make mistakes in the game.

㊛：Kenji, I had the same feeling. When I made a mistake in the game, I ★told my friends that I was sorry.
But one of my friends said, "Don't feel sorry for us. We can ★improve by making mistakes. You can try again!"
She told me with a big smile.
Her words and smile ★encouraged me.
★Since then, I have ★kept her words in mind.

㊚：Thank you, Ms. Brown. I learned a very important thing from you. No.4 ア Now I believe that I can improve my basketball skills by making mistakes.

㊛：Great, Kenji! I'm glad to hear that. No.3 イ When is your next game?

㊚：Oh, No.3 イ it's in November. Please come to watch our game!

㊛：Sure. I'm ★looking forward to seeing it. Good luck.

㊚：Thank you, Ms. Brown. I'll ★do my best.

★What happened?
「何かあった？」

★so…that ～
「とても…なので～」

★feel sorry for ～
「～に申し訳なく思う」

★tell＋人＋that ～
「(人)に～と言う」

★improve
「上達する」

★encourage ～
「～を励ます」

★since then
「それ以来」

★keep ～ in mind
「～を心に留める」

★look forward to ～ing
「～することを楽しみにする」

★do one's best
「ベストを尽くす」

音声を聞く前に問題文や選択肢を読んでおこう。対話が長いので，集中力を切らさず，答えに関する内容を正しく聞き取ってメモしよう。

日本語訳

男：こんにちは，ブラウン先生。

女：あら，ケンジ。今日は元気がないわね。何かあった？

男：先週，バスケットボールの試合がありました。

とても緊張してうまくプレーできなかったんです。

No.1 イ 結局，僕らのチームは試合に負けてしまいました。

女：まあ，私はあなたの気持ちがわかるわ。

私はアメリカで10年間バスケットボールをしていたの。

私もゲーム中に緊張していたわ。

男：先生もですか？ No.2 ア 僕は試合でミスをしたとき，いつもチームの友達に申し訳なく思います。

女：ケンジ，私も同じ気持ちだったわ。試合で自分がミスをしたとき，友達に謝っていたの。

でも，友達の１人が,「申し訳なく思うことはないわ。

私たちはミスをすることで上達するの。

また挑戦すればいいのよ！」と満面の笑みで言ってくれたのよ。

彼女の言葉と笑顔に励まされたわ。

それ以来，彼女の言葉を心に留めているの。

男：ありがとうございます，ブラウン先生。僕は先生からとても大切なことを学びました。No.4 ア 今はミスをすることによってバスケットボールの技術を上達させられると信じています。

女：すごい，ケンジ！それを聞いてうれしいわ。No.3 イ 次の試合はいつ？

男：ああ，No.3 イ 11月にあります。僕たちの試合を見に来てください！

女：いいわ。試合を見るのを楽しみにしているわ。がんばってね。

男：ありがとうございます，ブラウン先生。ベストを尽くします。

- 先週の試合でケンジのチームは負けた。
- ブラウン先生はアメリカで10年間バスケットボールをしていた。
- ケンジはミスをすると友達に申し訳ないと思う。
- ブラウン先生はミスをすると友達に謝っていた。
- しかし，ブラウン先生の友達がまた挑戦すればいいと言った。その言葉と笑顔に励まされた。
- ケンジはブラウン先生からとても大切なことを学んだ。今ではミスをすることでバスケットボールの技術が上達すると信じている。
- ケンジの次の試合は11月にある。
- ブラウン先生は試合を楽しみにしている。
- ケンジはベストを尽くすつもりだ。

← さらに詳しい解説

練習問題

解答　No.1　イ　　No.2　イ　　No.3　エ　　No.4　エ

放送文

㊛：Hi, Daiki. What will you do during the spring vacation?

㊚：My family will spend five days in Tokyo with my friend, Sam. He is a high school student from Sydney. I met him there.

㊛：I see. No.1 イ Did you live in Sydney?

㊚：No.1 イ Yes. My father worked there when I was a child. Sam's parents ★asked my father to take care of Sam in Japan. No.2 イ He will come to my house in Osaka next week.

★ask＋人＋to ～「(人)に～するように頼む」

㊛：Has he ever visited Japan?

㊚：No, he hasn't. I haven't seen him for a long time, but we often send e-mails to ★each other.

★each other「お互いに」

㊛：How long will he stay in Japan?

㊚：For ten days. No.3 エ Have you ever been to Tokyo, Cathy?

㊛：No.3 エ No, but I'll visit there this May with my friend, Kate. She lives in America. Do you often go to Tokyo?

㊚：Yes. My grandmother lives there.
We will visit the zoo and the museum with her.
We will also go shopping together.

㊛：★That sounds good. Sam will be very glad.

㊚：I hope so. Well, I sent him a book about Tokyo which has ★a lot of beautiful pictures.

★That sounds good.「それはいいね」
★a lot of ～「たくさんの～」

㊛：Cool. I also want to give a book like that to Kate because No.4 エ she likes taking pictures of beautiful places.
★Actually, she has been to many foreign countries to take pictures.

★actually「実際に／実は」

㊚：That's interesting. I like taking pictures, too.
So I want to see the pictures she took in other countries.

㊛：OK. I'll tell her about that.

㊚：Thank you.

Question No.1：Where did Daiki live when he was a child?
Question No.2：Who will come to Daiki's house next week?
Question No.3：Has Cathy visited Tokyo before?
Question No.4：What does Kate like to do?

ダイキとキャシーの対話。ダイキの友達のサムと，キャシーの友達のケイトも出てくるよ。音声を聞きながら，誰が何をしたかをメモしよう。

日本語訳

㊛：こんにちは，ダイキ。春休みは何をするの？

㊚：家族で，友達のサムと一緒に東京に５日間滞在するよ。サムはシドニー出身の高校生だよ。僕はシドニーで彼と知り合ったんだ。

㊛：そうなんだ。No.1 ィあなたはシドニーに住んでいたの？

㊚：No.1 ィそうだよ。僕が子どものころ，父がシドニーで働いていたんだ。サムの両親が，日本に行くサムの面倒を見てくれるよう父に頼んだんだよ。

No.2 ィサムは来週，大阪の我が家に来るよ。

㊛：彼は日本に来たことがあるの？

㊚：ないよ。僕も長いこと彼に会っていないんだ，でもお互いによくメールを送り合っているよ。

㊛：彼は日本にどのくらい滞在するの？

㊚：10日間だよ。No.3 ェキャシーは東京に行ったことある？

㊛：No.3 ェいいえ，でも友達のケイトと，今年の５月に行くつもりよ。彼女はアメリカに住んでいるわ。あなたはよく東京に行くの？

㊚：うん。祖母が住んでいるんだ。

僕たちは，祖母と一緒に動物園と博物館に行く予定だよ。

それから一緒に買い物にも行くつもりなんだ。

㊛：それはいいわね。サムはとても喜ぶと思うわ。

㊚：そうだといいな。そういえば，僕はサムに，素敵な写真がたくさん載っている東京に関する本を送ったんだよ。

㊛：いいわね。私もそういう本をケイトに送りたいわ，No.4 ェ彼女は美しい場所の写真を撮るのが好きだから。

実は，彼女は写真を撮るためにたくさん外国に行っているのよ。

㊚：それは興味深いな。僕も写真を撮るのが好きだよ。

だから彼女が外国で撮った写真を見たいな。

㊛：わかった。彼女にそう伝えておくわ。

㊚：ありがとう。

Question No.1：ダイキは子どものころ，どこに住んでいましたか？

Question No.2：来週，誰がダイキの家に来ますか？

Question No.3：キャシーは以前，東京に行ったことがありますか？

Question No.4：ケイトは何をするのが好きですか？

No.1
ダイキについての質問だね。ダイキは幼少期にシドニーに住んでいたと言っているね。

No.2
ダイキの家に来るのは，ダイキの友達のサムだね。

No.3
キャシーは，東京に行く予定はあるけれど，まだ行ったことはないと言っているね。Has Cathy ～？と聞かれたから，No, she hasn't. と答えよう。

No.4
キャシーが友達のケイトの好きなことを紹介しているね。

← さらに詳しい解説

第６章　英文と質問（複数）

基本問題

解答　No.1　ア　　No.2　エ　　No.3　ウ

13

Today is the last day before summer vacation.

From tomorrow, you'll have twenty-five days of vacation and I'll give you some homework to do.

For your homework, you must write a report about the problems in the ★environment and you must use ★more than one hundred English words.

We've ★finished reading the textbook about the problems in the environment.

So, No.1 ア in your report, you must write about ★one of the problems in the textbook that is interesting to you.

★The textbook says that there are many kinds of problems like water problems or fires in the mountains.

No.2 エ The textbook also says that everyone in the world must continue thinking about ★protecting the environment from these problems.

If you want to know more about it, use the Internet or books in the city library.

No.3 ウ Please give me your report at the next class.

I hope you enjoy this homework and have a good vacation.

覚えたい表現 Memory work

★environment「環境」
★more than ～「～以上」
★finish ～ ing「～し終える」
★one of ～「～の１つ」
★the textbook says (that) ～「教科書には～と書いてある」
★protect A from B「BからAを守る」

音声を聞く前に，問題文，質問，選択肢の内容から，聞き取るべきキーワードをイメージできたかな？それらのキーワードに関連する部分を中心にメモをとろう。

日本語訳

今日は夏休み前の最終日です。

明日からみなさんは25日間の休暇に入るので，宿題を出します。

みなさんは宿題として，環境問題についてのレポートを書いてください，なお，英単語を100語以上使わなければいけません。

私たちは環境問題についての教科書を読み終えました。

ですから No.1 ア レポートでは，教科書の中で自分の興味がある問題の1つについて書いてください。

教科書には，水問題や山火事のような，多くの種類の問題があると書いてあります。

No.2 エ また，教科書には，世界中の誰もが，これらの問題から環境を守ることを考え続けなければいけない，とも書いてあります。

もっと詳しく知りたい人は，インターネットや市立図書館にある本を利用してください。

No.3 ウ レポートは，次の授業で私に提出してください。

みなさんがこの宿題を楽しみ，良い休暇を過ごすことを願っています。

- 夏休み前の最終日。明日から25日間の休みに入る。
- 環境問題についてのレポートを書く。英単語を100語以上使う。
- 環境問題についての教科書を読み終えた。
- 教科書の中で興味がある問題を選ぶ。
- 教科書には世界中の誰もが環境を守ることについて考え続けなければならないと書いてある。
- 詳しく知りたい人はインターネットや市立図書館の本を利用する。
- 次の授業でレポートを提出する。

練習問題

解答　No.1　イ　　No.2　エ　　No.3　ウ　　No.4　イ

放送文 14

Today, I'll tell you about my grandmother's birthday party.
Before her birthday, I talked about a birthday present for her with my father and mother.
My father said, "Let's go to a cake shop and buy a birthday cake."
No.1 イ My mother said, "That's a good idea. I know a good cake shop." But when I saw my bag, I had another idea. I said, "No.2 エ My grandmother made this bag ★as my birthday present last year, so I want to make a cake for her."
They agreed.
No.3 ウ On her birthday, I started making the cake at nine in the morning. My father and mother helped me because that was ★my first time. I finished making it at one in the afternoon.
We visited my grandmother at six and started the party for her.
First, we enjoyed a special dinner with her.
After that, I showed her the cake.
When she saw it, she said, "Wow, did you make it? I'm so happy. Thank you, Kyoko."
I ★was happy to hear that.
No.4 イ Then we ★sang a birthday song for her and ate the cake with her. I'll never forget that wonderful day.

Question No.1：Who knew a good cake shop?
Question No.2：Why did Kyoko want to make a cake for her grandmother?
Question No.3：★How many hours did Kyoko need to make the cake?
Question No.4：What did Kyoko do at her grandmother's birthday party?

★as ～「～として」

★my first time「（私にとって）初めてのこと」

★be happy to ～「～してうれしい」

★sang sing「歌う」の過去形

★How many hours ～？「何時間～？」

選択肢から，No.1は人物，No.2は理由，No.3は時間，No.4は行動についての質問だと推測できるね。関連部分の音声に注意しながら聞き取ってメモをし，質問にそなえよう。

日本語訳

今日は，私の祖母の誕生日パーティーについて話そうと思います。

誕生日の前に，私は，祖母にあげる誕生日プレゼントについて両親と話しました。

父は,「ケーキ屋に行って誕生日ケーキを買おう」と言いました。

No.1 イ 母は,「いい考えね。私はおいしいケーキ屋を知っているわ」と言いました。しかし私は，自分のバッグを見て別の考えが浮かびました。

「No.2 エ おばあちゃんは去年，私の誕生日プレゼントとしてこのバッグを作ってくれたの。だから私はケーキを作りたいわ」と私は言いました。

両親も賛成してくれました。

No.3 ウ 誕生日当日，私は午前9時からケーキを作り始めました。ケーキ作りは初めてのことだったので，両親が手伝ってくれました。私は午後1時にケーキを作り終えました。

私たちは6時に祖母の家に行き，パーティーを始めました。

まず，一緒にごちそうを楽しみました。

その後，私は祖母にケーキを見せました。

それを見ると，祖母は,「まあ，自分で作ったの？とってもうれしいわ。ありがとう，教子」と言いました。

私はそれを聞いてうれしくなりました。

No.4 イ それから私たちは，祖母のために誕生日の歌を歌って，一緒にケーキを食べました。私はあの素晴らしい日を決して忘れません。

Question No.1：おいしいケーキ屋を知っていたのは誰ですか？

Question No.2：教子はなぜ祖母にケーキを作ってあげたかったのですか？

Question No.3：教子はケーキを作るのに何時間かかりましたか？

Question No.4：教子は祖母の誕生日パーティーで何をしましたか？

No.1
おいしいケーキ屋を知っていた人は，ケーキを買おうと言ったお父さんではないよ。教子のお母さんだね。

No.2
おばあちゃんがバッグを作ってくれたから，自分も手作りのものをあげたいと思ったんだね。

No.3
午前9時から午後1時までだから，4時間だね。

No.4
教子が話したのは，イの「祖母のために両親と誕生日の歌を歌った」だね。

  ← さらに詳しい解説

第７章　作　文

基本問題

解答　No.1　（例文）We can give her some flowers.

No.2　（例文）I can play soccer with him. It's bcause I can talk with him in Japanese while we are playing soccer.

放送文　15

★say goodbye to ～「～にさよならを言う」

No.1

㊛：Hi, John. Do you know our classmate Eiko will leave Tokyo and live in Osaka from next month? We have to ★say goodbye to her soon.

㊚：Really, Kyoko? I didn't know that. I'm very sad.

㊛：Me, too. Well, let's do something for Eiko. What can we do?

㊚：(　　　)

No.2

Hello, everyone.

Next week a student from Australia will come to our class and study with us for a month.

His name is Bob.

He wants to enjoy his stay.

He likes sports very much and wants to learn Japanese.

Please tell me what you can do for him and why.

No.1では引っ越すクラスメートに，No.2ではオーストラリアからの留学生に対してできることを英文で書くよ。間違えずに書ける単語や表現を使って短くまとめよう。

日本語訳

No.1　㊛：こんにちは，ジョン。クラスメートのエイコが東京を去り，来月から大阪に住むことになったって知ってる？もうすぐさよならを言わなければならないわ。

㊚：本当に，教子？それは知らなかったよ。とても悲しいね。

㊛：私もよ。エイコのために何かしましょう。何ができるかしら？

㊚：（　　　）

No.2　みなさん，こんにちは。

来週，オーストラリアから１人の留学生がこのクラスに来て，一緒に１か月間勉強する予定です。

彼の名前はボブです。

彼はこの滞在を楽しみたいと思っています。

彼はスポーツが大好きで，日本語を学びたいと思っています。

あなたが彼のためにできることと，その理由を教えてください。

No.1
東京から大阪へ引っ越すクラスメートにしてあげられることを書こう。
(例文の訳)
「花束をあげることができるね」
「(人)に(もの)をあげる」＝give＋人＋もの

No.2
スポーツが大好きで日本語を学びたい留学生のためにできることと，その理由を書こう。
(例文の訳)
「僕は彼と一緒にサッカーをすることができます。サッカーをしながら，彼と日本語で話をすることができるからです」

  ←さらに詳しい解説

練習問題

解答　No.1　ウ　　No.2　They should tell a teacher.
No.3　（例文）I want to go to America because there are a lot of places to visit.

放送文 16

★Welcome to our school. I am Lucy, a second-year student of this school. We are going to show you around our school today. Our school was built in 2019, so it's still new.

Now we are in the gym.

We will start with the library, and I will ★show you how to use it. Then we will look at classrooms and the music room, and No.1 ウ we will finish at the lunch room. There, you will meet other students and teachers.

After that, we are going to have ★a welcome party.

There is something more I want to tell you.

We took a group picture ★in front of our school.

No.2 If you want one, you should tell a teacher tomorrow.

Do you have any questions?

Now let's start.

Please come with me.

Question No.1：Where will the Japanese students meet other students and teachers?

Question No.2：If the Japanese students want a picture, what should they do tomorrow?

Question No.3：If you study abroad, what country do you want to go to and why?

★Welcome to ～.「～へようこそ」

★show＋人＋もの「（人）に（もの）を見せる」

★a welcome party「歓迎会」

★in front of ～「～の前で」

「…ので～したい」=I want to ～ because …. は英作文でよく使う形なので覚えておこう。

日本語訳

私たちの学校へようこそ。私はルーシー，この学校の２年生です。

今日はみなさんに学校を案内します。

私たちの学校は2019年に建てられました，ですからまだ新しいですね。

私たちは今，体育館にいます。

まず図書館から始めましょう，その使い方を教えます。

それから，教室と音楽室を見て，No.1 ウ最後に食堂を見ます。そこで，みなさんは他の生徒や先生と対面することになっています。

その後，歓迎会をする予定です。

みなさんにお伝えしたいことがもう少しあります。

校舎の前でグループ写真を撮りましたね。

No.2その写真が欲しい人は，明日先生に申し出てください。

何か質問はありますか？

では行きましょう。

私についてきてください。

Question No.1：日本の生徒はどこで他の生徒や先生と会いますか？

Question No.2：日本の生徒は写真が欲しい場合，明日何をすべきですか？

Question No.3：もしあなたが留学するなら，どの国に行きたいですか，そしてそれはなぜですか？

No.1
他の生徒や先生と対面する場所は食堂＝the lunch roomだから，**ウ**だね。

No.2
Ifで始まる文の後半の内容を答えればいいね。

No.3
したいこととその理由を答えるときは，I want to ～ because …. の形を使おう。
(例文の訳)
「訪れるたくさんの場所があるので，私はアメリカに行きたいです」

← グループ分け

P3	What do you want to do in the future?	あなたは将来何をしたいですか？
	by bike	自転車で
	Can you ～?	～してくれませんか？
	Can I ～?	～してもいいですか？
	look at ～	～を見る
	have to ～	～しなければならない
P5	What's the matter?	どうしたの？
	last night	昨夜
	go to bed	寝る
	get up	起きる
	for ～(期間を表す言葉)	～の間
	stop ～ ing	～することをやめる
	How about ～?	～はどうですか？
	Thank you for ～ ing.	～してくれてありがとう
	for ～(対象を表す言葉)	～のために
P7	What time shall we meet?	何時に待ち合わせる？
	the ＋最上級＋ in ＋○○	○○の中で最も…
	no ＋人	(人)が1人も～ない
	I've never ～.	私は一度も～したことがない
	keep ＋人／もの＋状態	(人／もの)を(状態)に保つ
P9	school festival	学園祭
	look ～	～のように見える
	next to ～	～のとなりに
	I hear (that) ～.	～だそうだ
	be good at ～ ing	～することが得意だ
	be glad to ～	～してうれしい
	over ～	～以上
	make a speech	スピーチをする
	the number of ～	～の数
	keep ～ ing	～し続ける
	go up	増加する
	go down	減少する
P11	Have you ever been to ～?	～に行ったことがありますか？
	May I help you?	お手伝いしましょうか？／いらっしゃいませ
	look for ～	～を探す
	What are you going to do?	何をするつもりですか？
	go fishing	釣りに行く
	May I speak to ～?	(電話で)～さんをお願いできますか？
P13	You have the wrong number.	番号が違っています
	I've just ＋過去分詞.	ちょうど～したところだ
	be famous for ～	～で有名である
	How long does it take to ～?	～するのにどれくらい時間がかかりますか？
	There is no ～.	～がない
P15	be ready	準備ができている
	tell ＋人＋ to ～	(人)に～するように言う
	Would you like some more?	もう少しいかが？
	How much ～?	～はいくらですか？

P17	Are you free?	(時間)が空いている？
	be out	外出している
	want＋人＋to ～	(人)に～してほしい
	Can I leave a message?	伝言をお願いできますか？
	Could you ～？	～していただけませんか？
P19	What kind of ～？	どんな種類の～？
	be surprised to ～	～して驚く
	decide to ～	～することに決める／決心する
	from A to B	AからBまで
	international	国際的な
P21	be held	開催される
	on the second day	2日目に
	a long time ago	昔
	Shall we ～？	(一緒に)～しましょうか？
P23	What's up?	どうしたの？
	for a long time	長い間／ずっと
	the same time	同じ時間
	invite ～	～を招く／誘う
	how to ～	～する方法
P25	What happened?	何かあった？
	so…that ～	とても…なので～
	feel sorry for ～	～に申し訳なく思う
	tell＋人＋that ～	(人)に～と言う
	improve	上達する
	encourage ～	～を励ます
	since then	それ以来
	keep ～ in mind	～を心に留める
	look forward to ～ing	～することを楽しみにする
	do one's best	ベストを尽くす
P27	ask＋人＋to ～	(人)に～するように頼む
	each other	お互いに
	That sounds good.	それはいいね
	a lot of ～	たくさんの～
	actually	実際に／実は
P29	environment	環境
	more than ～	～以上
	finish ～ing	～し終える
	one of ～	～の1つ
	the textbook says (that) ～	教科書には～と書いてある
	protect A from B	BからAを守る
P31	as ～	～として
	my first time	(私にとって)初めてのこと
	be happy to ～	～してうれしい
	sang	sing「歌う」の過去形
	How many hours ～？	何時間～？
P33	say goodbye to ～	～にさよならを言う
P35	Welcome to ～.	～へようこそ
	show＋人＋もの	(人)に(もの)を見せる
	a welcome party	歓迎会
	in front of ～	～の前で

聞き違いをしやすい表現
Easy to mistake

1　聞き違いをしやすい数

サーティーン　　サーティ
thirteen「13」と thirty「30」

アクセントの位置に着目

thirteen「13」と thirty「30」

フォーティーン　フォーティ
fourteen「14」と forty「40」

フィフティーン　フィフティ
fifteen「15」と fifty「50」

シックスティーン　シックスティ
sixteen「16」と sixty「60」

セブンティーン　セブンティ
seventeen「17」と seventy「70」

エイティーン　エイティ
eighteen「18」と eighty「80」

ナインティーン　ナインティ
nineteen「19」と ninety「90」

2　聞き違いをしやすい英語

キャン　キャン(ト)
can「できる」と can't「できない」

次の単語との間に着目

can ～　can't ～

ウォント　ワントゥ
won't「しないつもり」と want to「したい」

フェアー　フェン
where「どこ？」と when「いつ？」

3　同じ発音で違う意味の英語

ワン　ワン
won「勝った」と one「1」

レッド　レッド
red「赤」と read「読んだ」

単語の位置や文の意味で判断

「アイ ワン ザ プライズ」だったら
→ I **won** the prize.
私は賞を勝ち取りました

「アイ チョウズ ワン」だったら
→ I chose **one**.
私は１つを選びました

4　セットで読まれる英語

ゼァリズ
There is

連語表現の発音に慣れよう

「ゼアー」と「イズ」を続けて読むと「ゼァリズ」
There　is

ゲラップ get up　ピカップ pick up　オプニット open it　シェイキット shake it　トーカバウト talk about　ハフトゥ have to
ワノブ one of　ウォンチュー want you　ミーチュー meet you　ディジュー Did you　ミシュー miss you

高校入試対策

英語リスニング練習問題

基本問題集

contents

※解答集は別冊です

はじめに

グローバル化が急速に進展する中で，外国語によるコミュニケーション能力は，一部の業種や職種だけでなく，今後の生活の様々な場面で必要になってきます。

学習指導要領では，小・中・高等学校での一貫した外国語教育を通して，外国語による「聞くこと」,「読むこと」,「話すこと」,「書くこと」の４つの技能を習得し，簡単な情報や考えなどを理解したり伝えあったりするコミュニケーション能力を身につけることを目標としています。

これを受けて，高校入試の英語リスニング問題は，公立高校をはじめ私立高校においても，問題数の増加や配点の上昇が顕著になってきています。

本書は，全国の高校入試の英語リスニングでよく出題されるパターンを，７つの章に分類し,徹底的に練習できるようになっています。リスニングの出題形式に慣れるとともに，解き方，答え合わせや復習のしかたがよく分かるようになるので，限られた時間の中で効率よく学習ができます。

高校入試の英語リスニング問題は，基礎的な単語や文法が中心で，長文読解問題に比べればそれほど複雑な内容ではありません。聴き取れれば解ける問題ばかりです。

本書で，やさしい問題から入試レベルの問題までを繰り返し練習し，入試本番の得点力を身につけてください。

この問題集の特長と使い方

1．準備をする！

高校入試では一斉リスニングの場合がほとんどです。できればイヤホン(ヘッドホン)を使わずに，CD プレイヤーやスピーカーを準備しよう。

問題は，章ごとに「基本問題」と「練習問題」があります。「基本問題」に取りかかる前に，「ポイント」を読んでおこう。ヒントやメモ，ミスに注意にも，あらかじめ目を通しておこう。

2．問題に取り組む！

準備ができたら，集中して音声を聴こう。間違えてもいいので必ず答えを書くことを心がけよう。

3．解答だけを確認する！

ひとつの問題を解き終えたら，解答集ですぐに答え合わせをしよう。このとき，まだ放送文や日本語訳は見ないでおこう。解答だけを確認したら，もう一度音声を聴こう。正解した問題は聴き取れたところを，間違えてしまった問題は聴き取れなかったところを，意識しながら聴いてみよう。

4．放送文を確認する！

今度は，解答集の放送文（英文）を目で追いながら音声を聴いてみよう。このとき，キーワードやキーセンテンス（カギとなる重要な文）を確実に聴き取れるまで何度も繰り返し聴いてみよう。途中で分からなくなったら最初から聴き直そう。

5．覚えたい表現やアドバイスを確認する！

解答集では，英語リスニング問題でよく出る「覚えたい表現」や，同じパターンの問題を解くときのコツなどをアドバイスしています。よく読んでおこう。

6．日本語訳を確認する！

解答集は，放送文と日本語訳が見開きのページに載っているので，照らし合わせながら確認しよう。内容を正しく理解できているか，会話表現の独特な言い回しをきちんと把握できているかを確認しよう。知らなかった単語や表現はここでしっかりと覚えておこう。

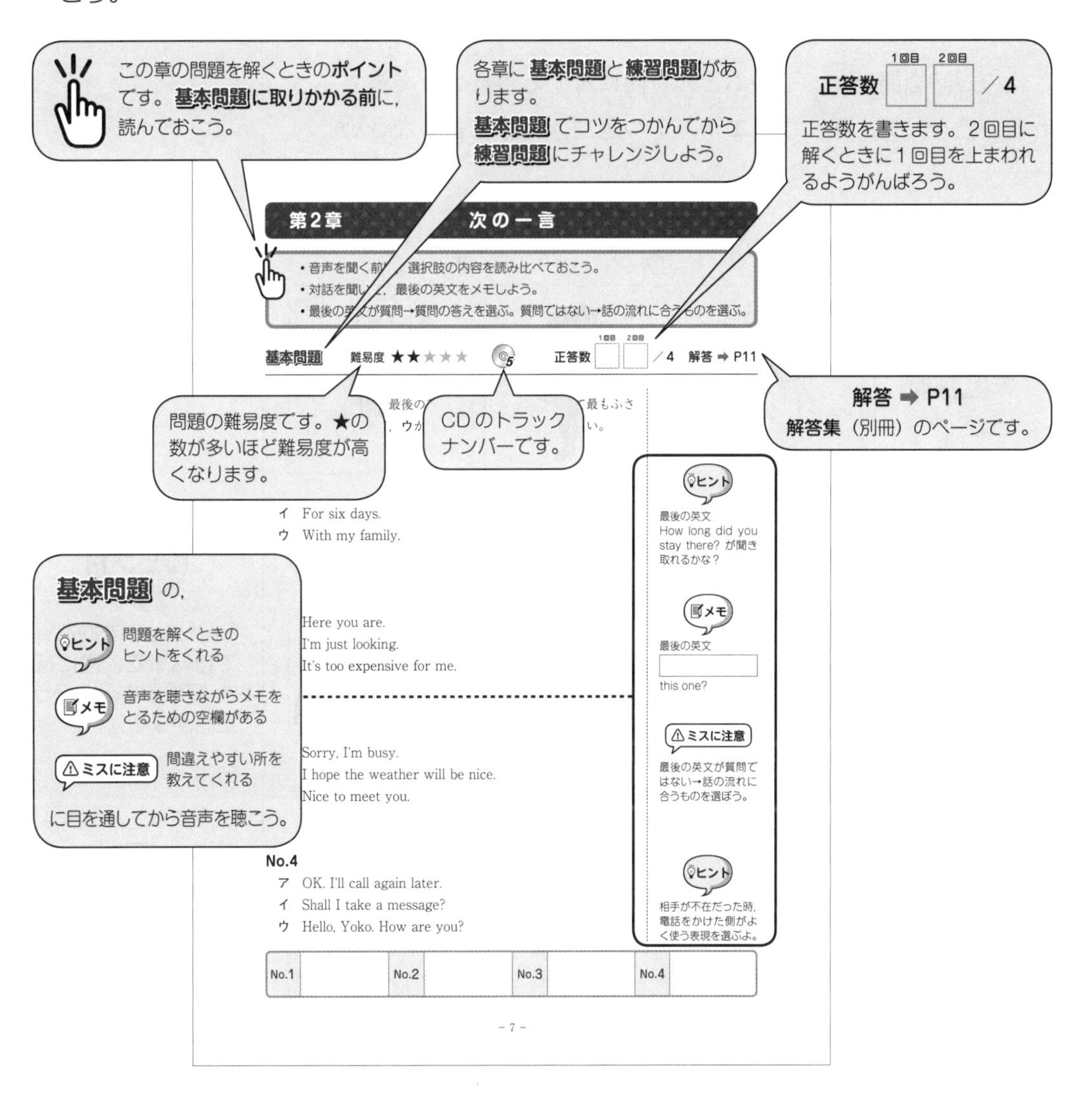

音声の聴き方

ＣＤで音声を聴くことができます。ＣＤ以外でも，教英出版ウェブサイトでＩＤ番号を入力して音声を聴くことができます。ＩＤ番号を入力して音声を聴く方法は，都道府県版（別冊）の１ページをご覧ください。

第1章　絵・グラフ

- 音声を聞く前に選択肢の絵やグラフを見比べておこう。
- 絵やグラフを見比べたら，どんな英文が流れるか予想してみよう。
- 音声を聞きながら，答えに関係しそうな内容をメモしよう。

基本問題A　難易度 ★★★★★　　正答数 1回目 □ 2回目 □ ／3　解答 ➡ P 3

　次の対話を聞いて，そのあとの質問に対する答えとして最もふさわしい絵を，**ア**，**イ**，**ウ**，**エ**から1つ選び，記号を書きなさい。

No.1

ア 
イ 
ウ 
エ 

ヒント
職業を選ぶ問題かな？

No.2

「ヘルメットをかぶって自転車で公園に行き，野球をする」といった話かな？

ア 
イ 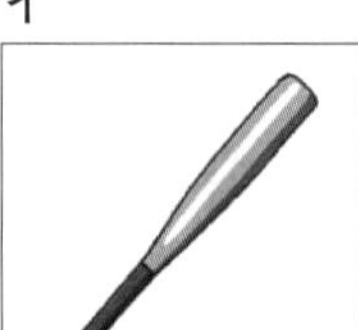
ウ 
エ 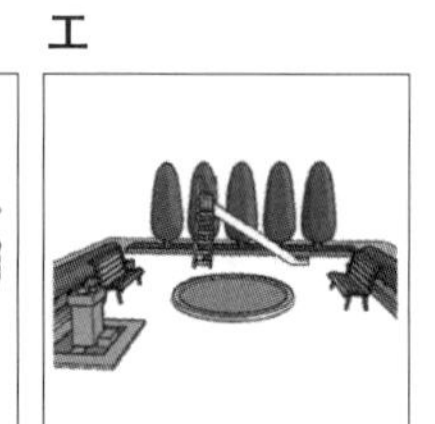

No.3

卵
みかん □ 個
りんご □ 個
ジュース

ア 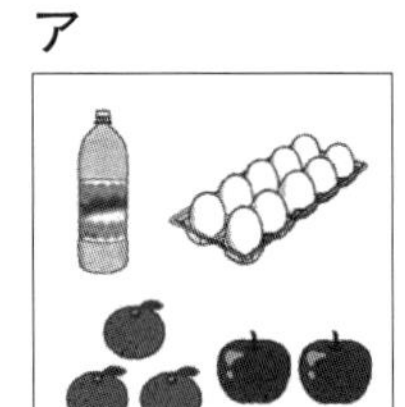
イ 
ウ 
エ 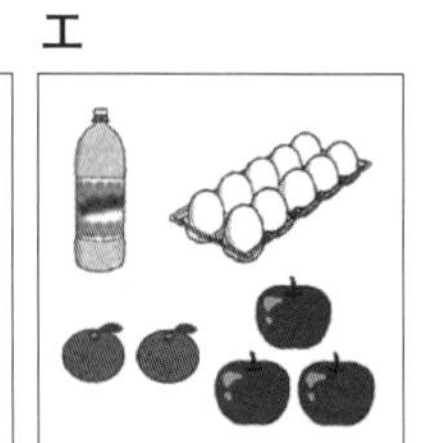

No.1		No.2		No.3	

基本問題B　難易度 ★★☆☆☆ 

正答数 1回目 □ 2回目 □ ／4　解答 ➡ P 3

次の英文や対話を聞いて，そのあとの質問に対する答えとして最もふさわしい絵を，**ア**，**イ**，**ウ**，**エ**から１つ選び，記号を書きなさい。

No.1

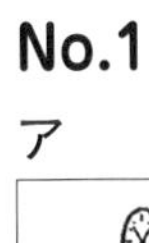

ア

イ

ウ

エ

腕時計＝watch
掛け時計／置き時計＝clock

No.2

ア

イ

ウ

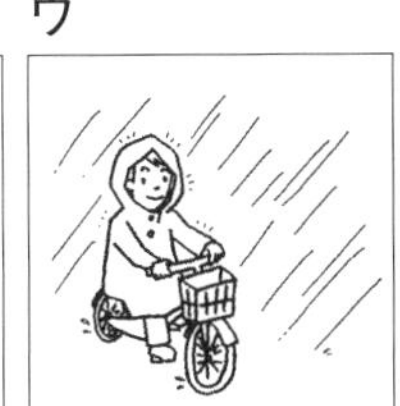

エ

天気：雨／雪
移動手段：
徒歩／自転車
どっちかな？

No.3

ア

イ

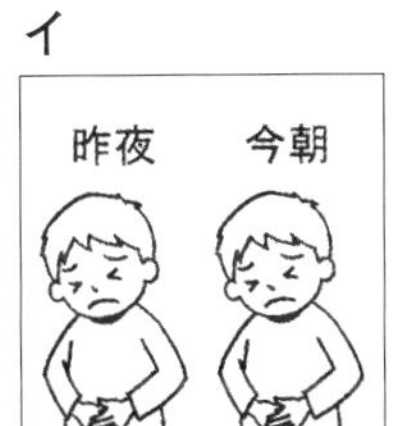

ウ

エ

昨夜 □。
今朝 □。

No.4

ア

イ

ウ

エ

⚠ミスに注意

AMは午前，PMは午後だね。寝た時刻？起きた時刻？

No.1		No.2		No.3		No.4	

練習問題A　難易度 ★★★★★　　正答数 1回目 □ 2回目 □ ／4　解答 ➡ P 5

　次の対話を聞いて，そのあとの質問に対する答えとして最もふさわしい絵やグラフを，**ア**，**イ**，**ウ**，**エ**から１つ選び，記号を書きなさい。

No.1

ア　イ　ウ　エ

No.2

ア　イ　ウ　エ

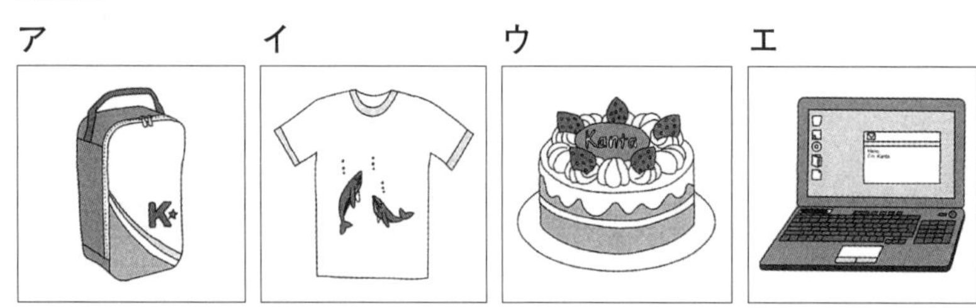

No.3

ア　イ　ウ　エ

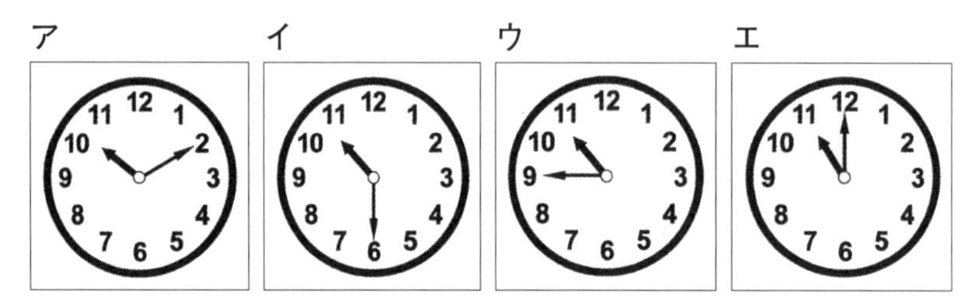

No.4　「球技大会で何をやりたいか？」～クラス別　アンケート結果～

ア　イ　ウ　エ

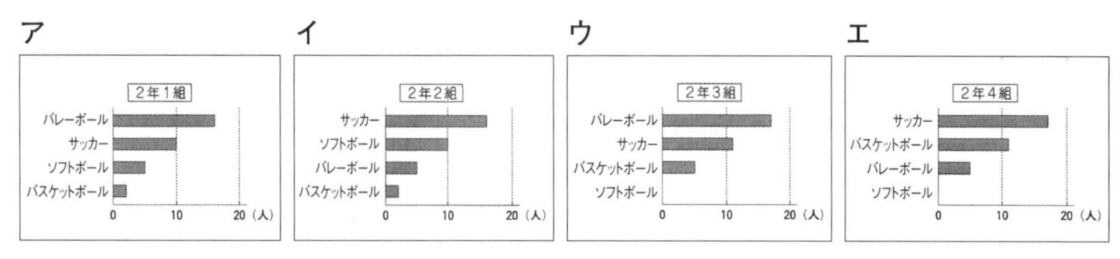

No.1		No.2		No.3		No.4	

練習問題B　難易度 ★★★★☆ 　正答数 1回目 2回目 ／4　解答 ➡ P 7

　次の対話や英文を聞いて，そのあとの質問に対する答えとして最もふさわしい絵やグラフを，ア，イ，ウ，エから1つ選び，記号を書きなさい。

No.1

ア　イ　ウ　エ

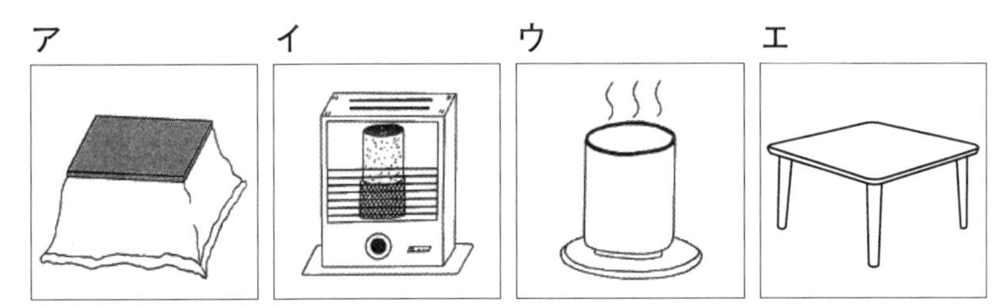

No.2

No.3

ア
ウ

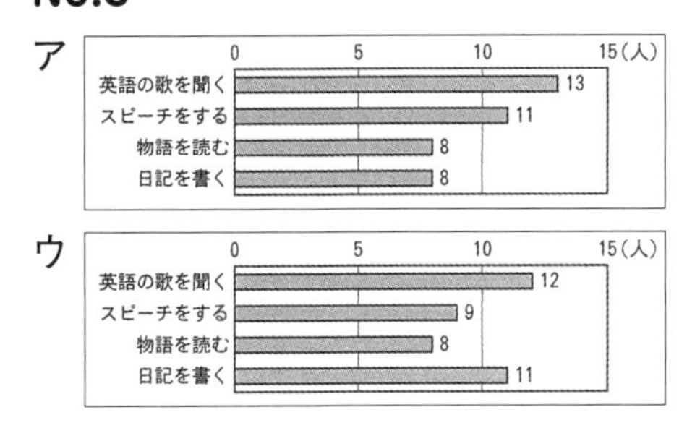

イ
エ

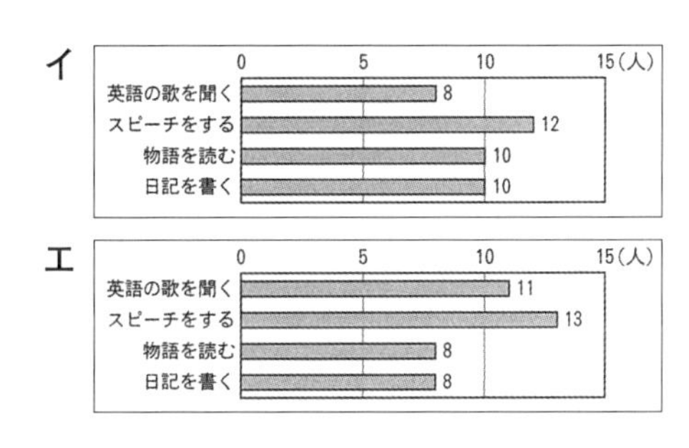

No.4

ア　イ　ウ　エ

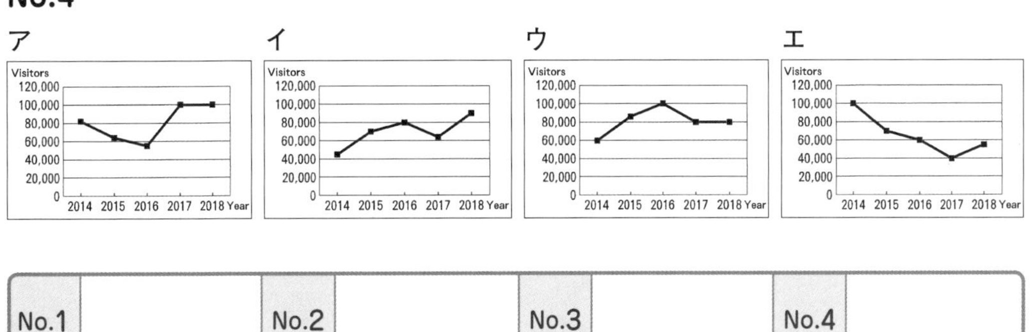

No.1		No.2		No.3		No.4	

第2章　次の一言

- 音声を聞く前に，選択肢の内容を読み比べておこう。
- 対話を聞いて，最後の英文をメモしよう。
- 最後の英文が質問→質問の答えを選ぶ。質問ではない→話の流れに合うものを選ぶ。

基本問題　難易度 ★★★★★　　正答数 1回目 □ 2回目 □ ／4　解答 ➡ P11

次の対話を聞いて，最後の英文に対する受け答えとして最もふさわしいものを，**ア**，**イ**，**ウ**から1つ選び，記号を書きなさい。

No.1

ア　By plane.
イ　For six days.
ウ　With my family.

最後の英文
How long did you stay there? が聞き取れるかな？

No.2

ア　Here you are.
イ　I'm just looking.
ウ　It's too expensive for me.

最後の英文
［　　　　　］
this one?

No.3

ア　Sorry, I'm busy.
イ　I hope the weather will be nice.
ウ　Nice to meet you.

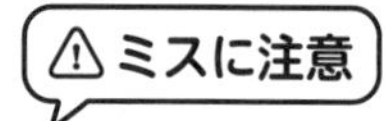

最後の英文が質問ではない→話の流れに合うものを選ぼう。

No.4

ア　OK. I'll call again later.
イ　Shall I take a message?
ウ　Hello, Yoko. How are you?

相手が不在だった時，電話をかけた側がよく使う表現を選ぶよ。

No.1		No.2		No.3		No.4	

練習問題　難易度 ★★★☆☆　　正当数 1回目 [ ] 2回目 [ ] ／4　解答 ➡ P13

次の対話を聞いて，最後の英文に対する受け答えとして最もふさわしいものを，ア，イ，ウ，エから１つ選び，記号を書きなさい。

No.1

ア　I don't know your phone number.
イ　I see. Do you want to leave a message?
ウ　Can you ask him to call me?
エ　I'm so sorry.

No.2

ア　Sorry. I haven't washed the tomatoes yet.
イ　I don't think so. Please help me.
ウ　Thanks. Please cut these carrots.
エ　All right. I can't help you.

No.3

ア　Ten o'clock in the morning.
イ　Only a few minutes.
ウ　Four days a week.
エ　Every Saturday.

No.4

ア　Sure. I'll do it now.
イ　No. I've never sent him a letter.
ウ　Yes. You found my name on it.
エ　Of course. I finished my homework.

No.1		No.2		No.3		No.4	

第3章　対話や英文と質問(1つ)

- 音声を聞く前に，選択肢の内容を読み比べておこう。
- 対話を聞いて，人物の名前や行動などをメモしよう。
- 質問を聞いて，誰の何についての質問かメモしよう。

基本問題　難易度 ★★★★★　

正答数 1回目 □ 2回目 □ ／3　解答 ➡ P15

次の対話や英文を聞いて，そのあとの質問に対する答えとして最もふさわしいものを，**ア**，**イ**，**ウ**，**エ**から1つ選び，記号を書きなさい。

No.1

ア　She is going to do Mike's homework with her husband.
イ　She is going to cook dinner in the dining room.
ウ　She is going to go to the dining room with Mike.
エ　She is going to eat dinner with her husband and Mike.

マイク：□が終わった。おなかが□。□を呼びに行く。
母親：□の準備ができた。

No.2

ア　Yes, please. I want more.
イ　Help yourself, Lisa.
ウ　I'm sorry. I can't cook well.
エ　Of course. You can take it.

対話の最後のリサの勧めに対する答えを選ぶよ。

No.3

ア　They are in the nurse's office.
イ　They are in the library.
ウ　They are at a stationery shop.
エ　They are at a birthday party.

選択肢のThey areは共通だね。場所を選ぶ問題だよ。

No.1		No.2		No.3	

練習問題　難易度 ★★★★☆　8　正答数 1回目 [ ] 2回目 [ ] ／4　解答 ➡ P17

次の対話を聞いて，そのあとの質問に対する答えとして最もふさわしいものを，ア，イ，ウ，エから１つ選び，記号を書きなさい。

No.1

ア　This Saturday.
イ　This Sunday.
ウ　Tomorrow.
エ　Next Monday.

No.2

ア　To do Tom's homework.
イ　To bring Eita's math notebook.
ウ　To call Tom later.
エ　To leave a message.

No.3

ア　Because Mike said some museums in his country had *ukiyoe.*
イ　Because Mike learned about *ukiyoe* last weekend.
ウ　Because Mike went to the city art museum in Japan last weekend.
エ　Because Mike didn't see *ukiyoe* in his country.

No.4

ア　It took about 25 minutes from Toyama to Kanazawa.
イ　Hiroshi walked from Kanazawa Station to Kenroku-en.
ウ　Hiroshi went to many countries during his holiday.
エ　Hiroshi took a bus in Kanazawa.

No.1		No.2		No.3		No.4	

第4章　語句を入れる

- 音声を聞く前に空欄を見て，聞き取る内容をしぼろう。
- fifteen「15」とfifty「50」などを聞き分けるために，数はアクセントに注意しよう。
- Tuesday「火曜日」とThursday「木曜日」の違いなど，曜日を正しく聞き取ろう。

基本問題

難易度 ★★★★★　9　正答数 1回目 [ ] 2回目 [ ] ／6　解答 ➡ P21

No.1　デイビッドと教子の対話を聞いて，【教子のメモ】のア，イ，ウにあてはまる言葉を日本語または数字で書きなさい。

【教子のメモ】

お祭りのダンスイベント
・（　ア　）曜日に行われる。
・集合時刻は午後（　イ　）。
・集合場所は音楽ホール。
・Tシャツの色は（　ウ　）色。

メモ

お祭り：
[ ]曜日～[ ]曜日
ダンスイベント：
[ ]日目
開始時刻：午後[ ]時
集合時刻：[ ]分前
Tシャツの色：[ ]色

No.2　ケイトと英太の対話を聞いて，【英太のメモ】のア，イ，ウにあてはまる言葉を日本語または数字で書きなさい。

【英太のメモ】

・古い建物は（　ア　）である。 ・約（　イ　）年前に建てられ，学校として使われていた。 ・昔の人々がどのように（　ウ　）していたかを見ることができる。

⚠ミスに注意

アクセントに注意して数を聞き取ろう。

No.1 ア		イ		ウ	
No.2 ア		イ		ウ	

練習問題　難易度 ★★★★☆　10　正答数 1回目 □ 2回目 □ ／4　解答 ➡ P23

No.1 マイクとリサの対話を聞いて，対話のあとに【リサがナンシーの留守番電話に残したメッセージ】のア，イにあてはまる言葉を英語または数字で書きなさい。

【リサがナンシーの留守番電話に残したメッセージ】

> Hi, Nancy.　This is Lisa.
> Mike's brother is going to stay in Fukuoka for three weeks.
> So Mike and I have decided to take him to a ramen shop next (　ア　).
> They will come to my house at (　イ　), and we will walk to the shop.
> If you want to join us, please tell me.

No.2 ジェームスとアヤの対話を聞いて，対話のあとに【アヤがジェームスに送ったメール】のア，イにあてはまる言葉を英語で書きなさい。

【アヤがジェームスに送ったメール】

> Hi, James.
> I enjoyed the concert today.
> I am happy because I can (　ア　) how to play the violin from you.
> I will see you at your house on (　イ　).

No.1	ア		イ	
No.2	ア		イ	

第5章　対話と質問(複数)

・音声を聞く前に，問題文をよく読み，登場人物の名前や立場を把握しよう。
・音声を聞く前に，選択肢(と質問)から聞き取る内容をしぼろう。
・音声を聞きながら,「誰が何をした」に関する内容をメモしよう。

基本問題　難易度 ★★★★★　　正答数 1回目 □ 2回目 □ ／4　解答 ➡ P25

ALTのブラウン先生とケンジの対話を聞いて，次の質問に対する答えとして最もふさわしいものを，**ア**，**イ**，**ウ**から1つ選び，記号を書きなさい。

No.1 What happened to Kenji's basketball team last week?
- ア His team won the game.
- イ His team lost the game.
- ウ His team became stronger by practicing hard.

No.2 How does Kenji feel when he makes mistakes in the basketball game?
- ア He always feels sorry for his friends in his team.
- イ He doesn't understand how he feels.
- ウ He is encouraged by making mistakes.

No.3 When will Kenji have his next game?
- ア He will have it in December.
- イ He will have it in November.
- ウ He will have it in October.

No.4 Which is true?
- ア Kenji learned that he could improve his basketball skills by making mistakes.
- イ Kenji was encouraged by his friend's words and smile.
- ウ Kenji has played basketball for ten years in America.

メモ
- 先週の試合でケンジのチームは□た。
- ブラウン先生は□で□年間バスケットボールをしていた。
- ケンジはミスをすると□に□と思う。
- ブラウン先生はミスをすると□に□いた。
- しかし，ブラウン先生の友達がまた□すればいいと言った。その□と□に励まされた。
- ケンジはブラウン先生からとても□なことを学んだ。今ではミスをすることで□の技術が□すると信じている。
- ケンジの次の□は□月にある。
- ブラウン先生は□を楽しみにしている。
- ケンジは□つもりだ。

No.1		No.2		No.3		No.4	

練習問題　難易度 ★★★★★  正答数 1回目 □ 2回目 □ ／4 解答 ➡ P27

ダイキとキャシーの春休みの予定についての対話を聞いて，そのあとの質問に対する答えとして最もふさわしいものを，**ア**，**イ**，**ウ**，**エ**から１つ選び，記号を書きなさい。

No.1

ア　He lived in Tokyo.
イ　He lived in Sydney.
ウ　He lived in Osaka.
エ　He lived in America.

No.2

ア　Cathy will.
イ　Sam will.
ウ　Sam's parents will.
エ　Kate will.

No.3

ア　Yes, she does.
イ　No, she doesn't.
ウ　Yes, she has.
エ　No, she hasn't.

No.4

ア　She likes to send e-mails.
イ　She likes to go shopping.
ウ　She likes to go to the zoo.
エ　She likes to take pictures.

No.1		No.2		No.3		No.4	

第６章　英文と質問（複数）

・音声を聞く前に，問題文をよく読み，話をする人の名前や立場を把握しよう。
・音声を聞く前に，選択肢（と質問）から聞き取る内容をしぼろう。
・音声を聞きながら，キーワードをメモしよう。

基本問題　難易度 ★★★☆☆　13　正答数 1回目 □ 2回目 □ ／3　解答 ➡ P29

ALTのグリーン先生が夏休みの宿題について話をします。それを聞いて，次の質問に対する答えとして最もふさわしいものを，ア，イ，ウ，エから１つ選び，記号を書きなさい。

No.1　生徒たちには，どのような宿題が出されましたか。

ア　A report about one of the problems written in the textbook.
イ　A report about what the students did during summer vacation.
ウ　A report about how to use the city library.
エ　A report about people around the world.

No.2　教科書には，何をしなければならないと書いてありましたか。

ア　To read books in the city library for the report.
イ　To finish writing a report about the problems in our environment.
ウ　To learn about how the Internet can help the students.
エ　To keep thinking about protecting our environment.

No.3　生徒たちは，いつ先生に宿題を提出しなければなりませんか。

ア　After the next class.
イ　At the end of summer vacation.
ウ　At the first class after summer vacation.
エ　At the last class of this year.

メモ

・□前の□。明日から□日間の休みに入る。
・□問題についてのレポートを書く。英単語を□語以上使う。
・□についての□を読み終えた。
・□の中で□がある問題を選ぶ。
・□には□の誰もが環境を□について考え続けなければならないと書いてある。
・詳しく知りたい人は□や□の本を利用する。
・□でレポートを提出する。

No.1		No.2		No.3	

練習問題　難易度 ★★★★★ 　正答数 1回目 [ ] 2回目 [ ] ／4　解答 ➡ P31

教子が祖母の誕生日パーティーについて話をします。それを聞いて，そのあとの質問に対する答えとして最もふさわしいものを，**ア**，**イ**，**ウ**，**エ**から1つ選び，記号を書きなさい。

No.1

ア　Kyoko's grandmother did.
イ　Kyoko's mother did.
ウ　Kyoko's father did.
エ　Kyoko did.

No.2

ア　Because Kyoko makes a birthday cake every year.
イ　Because Kyoko couldn't buy a cake at the cake shop.
ウ　Because Kyoko's grandmother asked her to make a cake.
エ　Because Kyoko's grandmother made a bag for her.

No.3

ア　Nine hours.
イ　Six hours.
ウ　Four hours.
エ　One hour.

No.4

ア　She enjoyed a special lunch with her grandmother.
イ　She sang a birthday song for her grandmother with her parents.
ウ　She said to her grandmother, "Thank you."
エ　She showed the bag to her grandmother.

No.1		No.2		No.3		No.4	

第７章　作　文

・音声を聞く前に，登場人物と作文の条件を確認しよう。
・本文→質問の順で放送されることが多い。質問は確実に聞き取ろう。
・自信のない表現は避け，自分が正しく書ける表現を使って英文を作ろう。

基本問題　難易度 ★★★★☆　　正答数（1回目）（2回目）／2　解答 ➡ P33

No.1　ジョンと教子の対話を聞いて，教子の最後の問いかけに対する答えを，ジョンに代わって英文で書きなさい。

転校していくクラスメートにしてあげられることを書こう。
We can ～「(僕らは)～できる」の書き出しではじめよう。

No.2　ALTのデイビッド先生の話を聞いて，先生の指示に対するあなたの答えを２文以上の英文で書きなさい。

２文以上で書くよ。質問で２つのことを聞かれるから，それぞれ１文ずつ書こう。
１文目は主語+can ～「～できる」の形で書くといいね。
２文目の理由は
It's because ～.
「それは～だからだ」を使おう。

No.1	
No.2	

練習問題　難易度 ★★★★★　16　正答数 1回目 □ 2回目 □ ／3　解答 ➡ P35

カナダの高校に留学にきた日本の生徒たちに向けてルーシーが学校の案内をします。その説明を聞いて，次の各問いに答えなさい。

No.1では，そのあとの質問に対する答えとして最もふさわしいものを，**ア**，**イ**，**ウ**，**エ**から１つ選び，記号を書きなさい。

No.2 では，質問に対する答えをルーシーが説明した内容に合うように英文で書きなさい。

No.3 では，質問に対するあなたの答えを英文で書きなさい。

No.1

ア In the gym.

イ In the library.

ウ In the lunch room.

エ In front of their school.

No.2 （質問に対する答えを英文で書く）

No.3 （質問に対する答えを英文で書く）

No.1	
No.2	
No.3	

CDトラックナンバー 一覧

音声の聴き方

ＣＤで音声を聴くことができます。ＣＤ以外でも，教英出版ウェブサイトでＩＤ番号を入力して音声を聴くことができます。ＩＤ番号を入力して音声を聴く方法は，都道府県版（別冊）の１ページをご覧ください。